JÉSUS, MARIE, JOSEPH. A. M. D. G.

REGI SÆCULORUM, IMMORTALI ET INVISIBILI, SOLI DEO HONOR ET GLORIA IN SÆCULA SÆCULORUM.

VIRGINI IMMACULATÆ ET SINE LABE ORIGINALI CONCEPTÆ HONOR ET AMOR IN SÆCULA SÆCULORUM.

LES LUTRINS DES CAMPAGNES

NOUVEAU MODE DE LECTURE MUSICALE. — PLAIN-CHANT ET MUSIQUE

PAR L'ABBÉ RÉMOND

PARIS
AUX BUREAUX DU *ROSIER DE MARIE*
PASSAGE COLBERT, N° 16
Et chez l'Auteur, à l'hôpital Saint-Louis
—
1865

JÉSUS MARIE JOSEPH. A. M. D. G.

REGI SÆCULORUM, IMMORTALI ET INVISIBILI, SOLI DEO HONOR ET GLORIA IN SÆCULA SÆCULORUM

VIRGINI IMMACULATÆ ET SINE LABE ORIGINALI CONCEPTÆ HONOR ET AMOR IN SÆCULA SÆCULORUM

LES LUTRINS DES CAMPAGNES

NOUVEAU MODE DE LECTURE MUSICALE. — PLAIN-CHANT ET MUSIQUE [1]

Son Motif.

Voici comment l'auteur s'exprime : Placé, dit-il, à la campagne depuis que nous sommes dans les rangs du clergé, nous avons acquis la conviction qu'à raison des mœurs actuelles, il devient, de jour en jour, de plus en plus difficile de former la jeunesse au chant religieux. Non-seulement l'indifférence, mais encore une opposition systématique y mettent un obstacle insurmontable.

Les parents jugent que dans une école l'étude du chant religieux est un temps perdu. Un certain nombre d'instituteurs partagent ce sentiment. De là, point ou presque pas de leçons de chant, et nos lutrins sont déserts.

Parmi les maîtres, ceux qui voudraient former des chantres sont entravés par l'opposition des parents, qui ne souffrent pas volontiers que leurs enfants emploient leur temps à l'étude d'autres sciences que celles qui sont de nature à favoriser leurs projets. Vu cet état de choses, nous avons cru qu'une méthode qui ne demanderait que peu de temps, et presque pas d'étude, était nécessaire pour qu'il fût possible au clergé des campagnes de voir le lutrin de leurs églises se repeupler. Nous nous sommes donc mis à l'œuvre, et voici notre travail, dont les résultats, depuis huit ans, n'ont cessé de prouver l'efficacité, ainsi qu'on peut le voir en lisant la brochure que nous avons donnée sur cette matière.

[1] Dans ce petit travail, toutes les fois qu'il sera question de Plain-chant et de Musique, il faudra entendre le Plain-chant et la Musique transcrits selon la Méthode, à moins que le sens contraire ne soit exprimé.

Pour atteindre ce but, continue l'auteur, nous nous sommes attaché à rendre l'étude du chant et de la musique pour ainsi dire puérile, attendu qu'il n'y a que les choses simples qui soient vraiment à la portée de toutes les intelligences.

Avec ce nouveau mode de lecture musicale, il n'y a plus de clefs nécessaires, plus de dièses ni de bémols en armure, et les termes italiens en usage sont rendus en langue vulgaire ; en un mot, toutes les difficultés qui réclament des efforts d'intelligence et de la contention d'esprit sont retranchées, sans faire perdre au chant ni à la musique la moindre de leurs nuances ni de leurs beautés. Avec le moyen que nous donnons, un quart d'heure suffit pour apprendre à lire aisément, et sans effort d'esprit, toute espèce de plain-chant et de musique transcrits en ce genre ; et en trois ou quatre mois un enfant un peu intelligent peut arriver à exécuter sur l'orgue ou le piano, à livre ouvert, toute espèce de plain-chant harmonisé.

Pour la musique, il faut un peu plus de temps, à cause des diverses mesures. Quant à ceux qui connaissent déjà la musique ou le plain-chant, ils peuvent se servir instantanément de cette méthode, quelques moments d'examen préalable leur suffisent. Un autre précieux avantage de cette méthode, c'est qu'elle conduit en peu de temps l'étudiant à la connaissance de la musique usuelle, et qu'elle peut y servir avantageusement d'introduction. Voici donc pour cette fois vraiment la musique mise à la portée de tout le monde.

On nous reprochera peut-être le trop de simplicité de notre travail, mais c'est précisément cette simplicité qui lui donne sa valeur, puisque sans elle il eût été impossible d'atteindre efficacement le but. Les gens de la campagne, le peuple en général, ne peuvent sacrifier ni le temps ni l'argent nécessaires pour acquérir cette science toute d'agrément, et cependant ils aiment le chant et ils en ont besoin pour se moraliser et se récréer sans danger. Il leur faut donc un moyen facile. Nous venons le leur offrir. De plus, cette méthode dissipera bien des ennuis dans les maisons d'éducation et dans toutes les institutions, où l'enseignement du chant et de la musique commence à devenir obligatoire. D'abord, elle économisera le temps et diminuera les peines du maître et de l'élève, tout en multipliant les joies et les consolations de l'un et de l'autre par les prompts et heureux résultats qui en ressortiront. Nous dirons donc à tous : Veuillez en essayer pendant quelques jours, vous direz ensuite ce que vous en penserez. Voir dans notre brochure les appréciations qui en ont été faites [1].

Notion du Système.

L'auteur continue : Nous avons commencé par remplacer les points en usage dans le plain-chant et la musique par l'initiale du nom de chaque note, sauf deux exceptions dont nous donnerons raison. Exemple : **U** pour *ut*, ou *do*, **R** pour *ré*, **M** pour *mi*, **A** pour *fa*, **O** pour *sol*, **L** pour *la*, **S** pour *si*. L'F étant employé dans la musique pour désigner les fortés, il a fallu prendre **A** pour la note *fa*, afin d'éviter les équivoques ; le *si* et le *sol* ayant la même initiale, l'**O** fut choisi pour désigner le *sol*. Dans l'un et l'autre cas c'est la seconde lettre qui fut appelée à remplacer l'initiale. Mais on oblige les élèves à prononcer les notes selon l'ancien usage, c'est-à-dire : *ut* ou *do*, *ré*, *mi*, *fa*, *sol*, *la*, *si*. Cette règle s'observe également dans le plain-chant et la musique.

En suivant cette marche, les élèves, dans l'espace d'une demi-heure et même d'un quart d'heure, savent, non pas chanter, mais lire le plain-chant et la musique de quelque nature qu'ils soient, du moment qu'ils sont transcrits dans ce genre d'écriture. Puis, pour éviter la fatigue, on se sert d'un harmonium pour diriger les voix, et en très-peu de temps les élèves peuvent chanter.

Cependant, ce premier travail fait, il restait encore deux graves difficultés que peu d'enfants de nos campagnes sont capables de surmonter ; ce sont la multiplicité des clefs et surtout des armures aux clefs, c'est-à-dire de ce grand nombre de dièses et de bémols qui se placent en tête des morceaux de musique. On a mis les unes et les autres de côté. Avec ce nouveau mode de lecture musicale, les clefs sont inutiles. La seule inspection du système suffit pour en convaincre ; cependant, pour ne pas froisser les habitudes, on les conserve parfois. Puis, en raison du clavier transpositeur, on transpose les morceaux qui ont plus d'un dièse ou d'un bémol à la clef, de manière à n'en point laisser, ou au moins à ne pas en laisser plus d'un, ayant soin d'indiquer, en tête du morceau, comment il faut placer le clavier pour rendre et exécuter, dans leurs tons primitifs, les morceaux ainsi transcrits. Par exemple, lorsqu'il y a deux dièses à la clef, on transpose le morceau en gamme d'*ut* naturel, majeur ou mineur, selon que le morceau est majeur ou mineur, puis on indique qu'il faut placer la touche de l'*ut* sur le *ré* ; ainsi : **U** en **R** ; de cette façon, le morceau se trouve exécuté comme s'il n'eût pas été transposé. Il en est de même pour les autres armures.

Par ces moyens, l'étude du chant, de la musique vocale et de l'orgue, qui sont à peu près les seules possibles dans une église de campagne, se réduit à peu de chose.

Des enfants de dix à douze ans qui fréquentaient l'école du village et les catéchismes, exercés avec cette méthode pendant trois à quatre mois, et seulement pendant leurs instants libres, ont pu subir un examen sous les yeux d'un archidiacre, de plusieurs artistes et d'un assez grand nombre d'amateurs, sans qu'il fût possible de les embarrasser en leur donnant à exécuter sur l'orgue, à livre ouvert, toute sorte de plain-chant harmonisé pour cet instrument. Deux de ces enfants furent conduits au congrès qui s'est tenu à Paris en novembre 1860 : pendant deux jours de suite on les a soumis à des expériences en leur donnant à exécuter, à livre ouvert, toute sorte de morceaux d'orgue. Au dernier jour, messieurs les artistes ont choisi tout exprès un morceau d'un caractère difficile pour se mieux convaincre de l'efficacité de la méthode. Le morceau fut transcrit et mis, par ces Messieurs, sous les yeux du plus jeune de ces enfants, qui l'a exécuté à livre ouvert en leur présence sans hésitation, sans faute et avec mesure.

Cependant, que personne ne se fasse illusion, bien que cette méthode soit, au dire des connaisseurs et des savants, tout ce que nous en avons dit, bien qu'aucune de celles qui sont connues ne puisse donner de si heureux résultats, et qu'elle ne laisse rien à désirer pour la musique vocale, il n'en est pas de même quand il s'agit de l'orgue ou du piano. Il est une certaine difficulté qu'il ne sera jamais donné à une méthode d'enlever ; c'est la difficulté des doigts sur le clavier. Pour arriver à les y promener avec aisance, c'est le fruit de l'exercice, c'est une espèce de gymnastique que les enfants saisissent plus facilement que les grandes personnes, et comme c'est la seule difficulté que leur laisse notre méthode, ils la surmontent en quelques mois, même sans maître. Nos élèves n'en ont pas eu, et cependant Messieurs les artistes du congrès ne leur ont reproché aucune faute de doigter.

Les quelques explications que nous venons de donner suffiraient si cette méthode ne devait servir qu'à ceux qui connaissent déjà la musique et le chant. Mais, comme notre but est d'initier à cette science ceux-mêmes qui n'en ont aucune notion, c'est pourquoi nous allons donner ici d'une manière succincte, mais suffisante, les principes du plain-chant et de la musique. Nous y ajouterons des exercices pour la musique vocale et pour l'orgue ou piano.

Cette méthode, comme on a pu le remarquer, ne diffère, pour ainsi dire, des méthodes usuelles qu'en ce que chaque note de la gamme a un caractère distinctif au lieu d'un point noir, et pas de dièse ni de bémol à la clef. C'est là précisément ce qui en rend la lecture on ne peut plus facile. Par ce moyen le plain-chant et la musique se trouvent si rapprochés, qu'ils ne diffèrent presque plus qu'en ce que la musique est un chant mesuré sur une portée de cinq lignes, tandis que le plain-chant est un chant libre sur une portée de quatre lignes, de sorte qu'avec ce nouveau mode de lecture musicale, il arrive que quand on sait l'une de ces deux parties on se trouve à peu de chose près savoir l'autre.

A l'exception du point noir que nous remplaçons par une lettre, nous conservons du reste tous les autres signes du plain-chant et de la musique, sauf deux ou trois que nous avons été forcé de changer. Les voici : Dans le plain-chant, pour désigner la maxime, la lettre-note est surmontée d'une double croix, en dessus ou en dessous, selon la place que la note occupe sur la portée ; ainsi quand elle est en bas de la portée ‡U, et ainsi quand elle est en haut U‡. Pour désigner la double note, la lettre est affectée d'une croix simple, exemple ; †R ou ‡R. Pour désigner la semi-brève ou losange on emploie une croche, ainsi, A ou A. On peut également, pour désigner la maxime, la

[1] Nous envoyons cette brochure contre vingt centimes en timbres-poste.

double note, la semi-brève, comme aussi la ronde et la blanche en musique, employer des lettres d'une forme ou d'une dimension plus ou moins grandes, ou différentes, comme des minuscules, ou des italiques, des rondes, des égyptiennes, etc., etc., car dans l'emploi des lettres en musique se trouvent des richesses et des ressources immenses, à cause de la variété indéfinie des espèces de lettres en usage dans la typographie. Néanmoins nous nous sommes arrêté pour le moment aux signes susdits, nous réservant d'employer, si le besoin s'en fait sentir, les lettres comme nous venons de dire pour désigner les différentes valeurs des notes tant dans le plain-chant que dans la musique.

En musique, pour désigner la ronde, la lettre-note est affectée d'une double croix, exemple : ‡o ou ●‡ ; la blanche n'a que la croix simple, †L ou L†. Voilà toutes les exceptions, tant pour la musique que pour le plain-chant. Tous les autres signes en usage dans la musique s'adaptent parfaitement à ce nouveau genre d'écriture musicale, donc nous les conservons afin que ceux qui connaissent déjà le plain-chant et la musique en usage, puissent se servir de notre procédé sans nouvelle étude ; quelques instants d'examen préalable leur suffiront, et après quelques jours d'exercice sur cette méthode, ils la trouveront plus facile que les anciennes, et ils s'applaudiront du changement. De plus, il deviendra par là d'autant plus facile à ceux qui n'auront appris que notre méthode, d'apprendre l'ancienne s'ils le désirent.

Ils n'y seront pas en pays étranger, ils y retrouveront tous les signes qu'ils connaissent déjà ; la note seule, à peu près, sera différente, ce sera un point noir au lieu d'une lettre ; et nous croyons qu'il serait même avantageux à tous ceux qui désirent apprendre le chant et la musique en usage, de commencer par notre méthode, surtout quand il s'agit de l'orgue ou du piano ; le chemin serait beaucoup plus court pour y arriver. Nous parlons basé sur l'expérience, car assurément aucun de nos élèves n'eût eu même la pensée d'apprendre à toucher de l'orgue ou du piano avec les méthodes usuelles, si notre mode d'écriture ne les y eût conduits ; aujourd'hui ils se servent indistinctement de notre méthode et des méthodes ordinaires, et cela par caprice, car la nôtre ne leur laisse rien à désirer ; et quand il s'agit de toucher de l'orgue *ex officio*, ils la préfèrent toujours et n'emploient l'autre qu'à défaut de la nôtre, c'est-à-dire, quand ils ne l'ont pas sous la main.

Notions du Plain-Chant.

On nomme plain-chant le chant liturgique de l'Église. C'est un chant naturel qui n'admet ni mesure, ni longues, ni brèves, disent certains auteurs, ni même l'égalité des notes, ce qui pourrait paraître contradictoire. Mais notre but n'est pas d'entrer en lice au sujet de cette question si controversée par les savants ; seulement, nous dirons que si le plain-chant n'admet pas de mesure rigoureuse, il convient cependant que dans les chœurs, pour obtenir une bonne exécution, il y ait à la tête une personne choisie, pour donner un certain mouvement que tous puissent suivre, afin qu'il y ait unité et ensemble.

Signes et Caractères.

Dans le plain-chant, ainsi que dans la musique, on emploie sept notes placées sur des degrés qu'on appelle échelle musicale, pour indiquer les inflexions de la voix à faire, soit en la haussant soit en la baissant. Dans le plain-chant, cette échelle se compose de quatre lignes superposées, et de cinq dans la musique. Pour l'orgue et le piano, on se sert de deux portées de cinq lignes. On place en tête de chaque portée un signe que l'on nomme clef, et dont la fonction, dans l'écriture musicale en usage, est de faire connaître les notes. Il y a trois espèces de clefs : clef d'*ut*, clef de *fa*, et clef de *sol*. Cette dernière n'est pas en usage dans le plain-chant. On se sert aussi dans le plain-chant de barres de diverses dimensions placées en travers sur la portée pour indiquer les repos plus ou moins longs à observer dans le cours de l'exécution. La double barre indique une section de chant et la fin des morceaux ; dans la musique, la barre divise les mesures, et la double barre a la même fonction que dans le plain-chant. Mais les repos ou silences s'y indiquent par des signes dont nous donnerons plus loin les figures et les noms. On emploie encore quatre autres signes qui se nomment l'un *bémol*, le second *dièse*, le troisième *bécarre*, le dernier *guidon ;* nous donnerons la forme et nous dirons, ci-après, la fonction de tous ces signes. La succession des sept notes, plus la première répétée après la dernière, s'appelle une gamme. Dans une gamme, il y a cinq tons et deux demi-tons. Les deux demi-tons se trouvent dans le passage de la note *mi* à celle de *fa*, et de *si* à *ut*, en montant l'échelle, et, par conséquent, ils se trouvent en la descendant, dans le passage d'*ut* à *si*, et de *fa* à *mi*. Les cinq tons sont entre les autres notes, en passant de l'une à l'autre, comme d'*ut* à *ré*, de *ré* à *mi*, de *fa* à *sol*, de *sol* à *la*, et de *la* à *si*. Il y a naturellement deux demi-tons dans un ton, ce qui permet de changer la place des demi-tons au moyen du bémol et du dièse, ainsi que nous le montrerons dans la suite.

Il y a huit modes ou tons dans le plain-chant, dont les quatre premiers sont considérés comme mineurs, attendu que de leur finale à la tierce au-dessus il n'y a qu'un ton et demi. Les quatre autre se nomment majeurs, parce que de leur note finale à la tierce au-dessus il y a deux tons.

Les tons impairs, premier, troisième, cinquième et septième, sont dits authentiques ou supérieurs, à cause de leur étendue au-dessus de la finale. Ils s'élèvent ordinairement de huit à neuf notes au-dessus.

Les tons pairs, deuxième, quatrième, sixième et huitième, se nomment plagaux ou inférieurs, parce qu'ils ne s'élèvent que de cinq à six notes au-dessus de leur finale et descendent de quatre à cinq notes au-dessous.

On appelle compairs les tons qui ont la même finale avec des dominantes différentes, tels que, un et deux, trois et quatre, cinq et six, sept et huit.

C'est par la finale et la dominante d'un chant qu'on en reconnaît le ton.

La finale est la note qui termine un chant, excepté les psaumes, dont la finale se trouve à la fin de leur antienne, et encore les introïts et autres morceaux de chant qui ont des répons ou des versets, leur finale se trouve, non à la fin de la pièce, mais de leur réclame.

La dominante est la note qui revient le plus souvent dans un chant ; c'est sur cette note que se coulent les versets dans les psaumes. On l'indique en tête des chants.

Certaines pièces de chant parcourent de leur étendue les deux tons compairs ; pour cette raison ils sont appelés mixtes.

D'autres chants se nomment irréguliers, parce qu'ils s'écartent des règles ci-dessus ; il devient par conséquent difficile de reconnaître à quels tons ils appartiennent, par exemple, le Psaume *In exitu*, et l'*Hæc dies*, de Pâques.

Dans le plain-chant, la note qui n'est affectée d'aucun signe se nomme brève, exemple : *U, M, O.* C'est elle qui fait le fond du plain-chant, les autres notes, c'est-à-dire celles qui sont affectées de quelques signes, ne sont pour ainsi dire que des exceptions et des nuances; la maxime, par exemple, que nous représentons ainsi, O ou O, s'emploie pour éviter une longue suite de mêmes notes, comme dans la psalmodie, etc. La double note, ainsi représentée, U ou U, s'emploie dans les neumes et quelques autres cas; il faut appuyer fortement la voix sur cette note. Les notes qui ont une queue, comme A ou A, se nomment longues ou notes à queues; il faut appuyer la voix en les chantant. Enfin, les notes qui ont un crochet, comme S ou S, sont des semi-brèves, dites losanges dans l'ancienne notation; on doit passer légèrement la voix dessus et les couler doucement, ayant soin de les lier avec les autres notes.

Les signes qui affectent les notes se mettent indistinctement dessus ou dessous, de manière à ne sortir que le moins possible de la portée.

Le bémol (♭) se place devant une note pour indiquer que cette note doit être chantée un demi-ton plus bas que son ton naturel.

Le dièse est peu usité dans le plain-chant, excepté en harmonie; sa fonction est de hausser d'un demi-ton les notes qui en sont précédées. On emploie le bécarre pour rétablir dans leur état naturel les notes qui ont été baissées par le bémol ou haussées par le dièse.

La petite ou demi-barre placée verticalement sur la portée en plain-chant marque ordinairement une séparation de mots ou un faible repos. La barre qui traverse entièrement la portée indique une séparation de mots et un repos de chant. La double barre marque les sections et la fin des morceaux de chant. Le guidon est une petite note qui se place à la fin des portées sur le degré de la note qui doit commencer la portée suivante, afin de l'indiquer. Cette petite note ne doit pas être chantée.

Notions de la Musique.

Une bonne partie de ce que nous avons dit jusqu'ici s'applique également au plain-chant et à la musique; nous allons maintenant dire ce qui est spécial à cette dernière.

La musique est essentiellement un chant mesuré: elle emploie les mêmes notes, la même gamme que le plain-chant, mais sa portée musicale est de cinq lignes. La musique fait un fréquent usage du bémol, du dièse et du bécarre. Elle se sert des trois clefs, celle de sol est le plus fréquemment usitée et se place invariablement sur la seconde ligne de l'échelle; les lignes se comptent de bas en haut, la première est en bas.

Quand il s'agit de la musique pour orgue ou piano, on emploie deux portées de chacune cinq lignes, dont l'une, celle d'en haut, pour la main droite, est ordinairement avec la clef de sol; la seconde, celle d'en bas, pour la main gauche, est avec la clef de fa, placée invariablement sur la quatrième ligne de cette portée. J'ai dit ordinairement, parce que de temps en temps et momentanément on trouve certains morceaux ou certaines parties de morceaux de musique d'orgue ou piano avec la clef de fa à la main droite, ou avec la clef de sol à la main gauche.

La clef d'ut est peu usitée, et elle ne se place pas invariablement sur une ligne donnée, comme les clefs de sol et de fa.

Dans la musique, la simple barre qui traverse la portée sert à séparer les mesures. La double barre fait les mêmes fonctions que dans le plain-chant.

Pour les repos de chant, on se sert en musique de la pause ▬ de la demi-pause ▬ (l'une se place dessous et l'autre dessus une ligne de l'échelle), le soupir 𝄽, le demi-soupir 𝄾, le quart de soupir 𝄿, le huitième de soupir 𝅀, etc. Pour indiquer la différence de durée des notes, on y adjoint certains signes que voici : pour la ronde : R ou R, pour la blanche L ou L, pour la noire O ou O, pour la croche U ou U, pour la double croche M ou M, pour la triple croche A ou A, etc. La ronde doit être tenue deux fois le temps d'une blanche, quatre fois celui d'une noire, huit fois celui d'une croche, seize fois celui d'une double croche, trente-deux fois celui d'une triple croche, etc. La blanche, deux fois le temps d'une noire, quatre fois celui d'une croche, etc. La noire vaut deux croches, quatre doubles croches, huit triples croches, etc. La croche vaut deux doubles croches, etc. Chacune de ces notes vaut en durée le double de celle qui la suit dans l'ordre ci-dessus.

La pause est un silence du temps d'une ronde, et en général d'une mesure quelconque. La demi-pause est le silence d'une blanche; le soupir, celui d'une noire; le demi-soupir, celui d'une croche; le quart de soupir, celui d'une double croche; le huitième de soupir, celui d'une triple croche, etc.

Il y a encore d'autres signes d'un usage moins fréquent; nous en dirons la signification en temps opportun.

On trouve assez souvent un point placé après une note et même deux, l'un après l'autre. Ainsi **U.** et **U..** etc. Un point après une note vaut en durée la moitié de la note qui le précède, quelle qu'elle soit, noire, ou croche, ou double croche, etc. Le second point vaut la moitié du premier. On en trouve aussi après les soupirs, demi-soupirs, etc., et il suit la même règle; il augmente de moitié le signe qui le précède.

Des Mesures.

La musique est un chant mesuré. Mais pour mieux indiquer les variétés de mouvement dans la mesure, on se sert de trois espèces de mesures, qu'on nomme simples; ce sont: la mesure à deux temps, qui s'indique par le chiffre 2 placé en tête du morceau; la mesure à trois temps, qui s'indique par le chiffre 3; et la mesure à quatre temps, qui se marque par un 4 ou un C placé en tête du chant. Ces sortes de mesure sont aussi indiquées parfois avec des numéros placés en fraction comme 2/4, 3/4, 3/8, etc. C'est le chiffre d'en haut qui est le chiffre de la mesure; celui d'en bas indique la valeur des notes de la mesure. Les valeurs de notes sont prises ainsi : 1 pour la ronde, 2 pour la blanche, 4 pour la noire, 8 pour la croche, 16 pour la double croche, 32 pour la triple croche, etc. Ainsi la musique à 2/4 indique deux noires à la mesure; 3/8 indique trois croches par mesure, etc.

Ces premières mesures appelées simples se composent pour donner les mesures 6/8, 9/8, 12/8, etc. Quand le numérateur dépasse le chiffre 4, on le divise par trois, pour le réduire en mesure simple; et le dénominateur ou chiffre de dessous se divise par deux, et alors on a des mesures simplifiées qui se battent comme les premières dont elles avaient été formées, et auxquelles elles se rapportent après réduction. Nous ne croyons pas devoir nous étendre davantage dans ce petit travail élémentaire, mais lorsque quelques explications plus étendues seront nécessaires, nous les donnerons sous forme d'observations.

Avis ou Avant-propos

POUR L'ENFANT QUI, N'AYANT PAS DE MAITRE, VEUT APPRENDRE A TOUCHER DE L'HARMONIUM.

Assis devant l'instrument ouvert, qu'il pose d'abord naturellement ses deux mains sur le clavier: sa droite se trouve sur les notes de l'aigu, et sa gauche sur les notes de basse. On appelle la droite de l'orgue le côté qui se trouve sous sa main droite, et par conséquent la gauche le côté des basses. Ensuite qu'il remarque bien que le clavier est composé de petits groupes de touches noires d'un bout à l'autre du clavier. Or la touche blanche qui est à gauche de chaque groupe de deux noires est la touche de l'*ut* ou *do*, par conséquent la blanche qui est entre les deux noires est la touche de *ré;* la blanche qui est à droite des deux noires est la touche de *mi ;* après suit le *fa*, la première blanche entre les trois touches noires est la touche du *sol*, et l'autre celle du *la* ; et la blanche qui se trouve à droite des trois noires est la touche du *si*. Si l'enfant cherche à connaître ses touches par un autre moyen que celui que nous venons d'indiquer, il rencontrera plus tard des difficultés.

Les notes naturelles, c'est-à-dire qui ne sont précédées ni d'un dièse ni d'un bémol, se font sur les touches blanches que nous venons de désigner. Lorsqu'elles sont précédées d'un dièse (♯), elles se font sur la touche noire qui se trouve immédiatement à droite ; et lorsqu'elles sont précédées d'un bémol (♭), elles se font sur la touche noire qui se trouve immédiatement à leur gauche. Ici nous supposons que l'enfant a déjà étudié les deux premières parties de notre méthode, celle du plain-chant et celle de la musique vocale, ou qu'il a appris les principes fondamentaux du solfége dans quelque autre méthode. Il est important de se tenir assis bien en face et au milieu de l'instrument, assez haut pour que les mains dominent un peu le clavier et puissent le parcourir sans faire aucun mouvement du corps qui sente la gêne ; les doigts seuls doivent agir. Il faut aussi éviter de laisser les doigts sur les touches qui ne doivent pas parler, autrement il y aurait confusion dans les sons ; on les maintiendra sur celles dont le son doit durer. (Là est une des principales difficultés de cet instrument.) Pour monter une gamme, on place le pouce de la main droite sur la touche de l'*ut* ou *do*, puis l'index sur le *ré*, ayant soin de lever le premier doigt aussitôt qu'on pose le second ; ensuite le medium se pose sur le *mi*, puis, passant le pouce par dessous le medium, on le pose sur le *fa* ; après cela l'index se place sur le *sol*, le medium sur le *la*, l'annulaire sur le *si*, et enfin l'auriculaire sur l'*ut* suivant, qui fait l'octave ; donc, pour monter la gamme, on part de la basse vers l'aigu, c'est-à-dire de gauche à droite ; pour la descendre, on suit la marche inverse : plaçant d'abord le petit doigt de la main droite sur une touche d'*ut*, on met ensuite le quatrième doigt sur le *si*, qui se trouve à gauche ; puis, allant toujours à gauche vers la basse, on met le grand doigt sur le *la*, l'index sur le *sol*, le pouce sur le *fa* ; puis, passant le medium par-dessus le pouce, on le pose sur le *mi*, ensuite l'index sur le *ré*, et enfin le pouce sur l'*ut*, qui finit l'octave de la gamme. Il faut répéter cet exercice de la main droite jusqu'à ce qu'on puisse le faire avec aisance ; ensuite on passe à la main gauche, dont on place d'abord le petit ou cinquième doigt sur une touche d'*ut ;* puis, partant de gauche pour aller à droite, on met le quatrième doigt sur le *ré*, le troisième sur le *mi*, le deuxième sur le *fa*, le pouce sur le *sol ;* puis, passant le medium par-dessus le pouce, on le pose sur le *la*, ensuite l'index sur le *si*, et enfin le pouce sur l'*ut* octave.

Après cela on redescend sur les mêmes notes, partant de droite à gauche; le pouce, étant sur l'*ut*, se lève, tandis que l'index se place sur le *si;* puis le médium sur le *la;* ensuite, passant le pouce par-dessous le médium, on le place sur le *sol ;* puis l'index sur le *fa ;* le troisième sur le *mi*, le quatrième sur le *re*, et enfin le cinquième sur l'*ut*, octave de la gamme.

On répète cet exercice, comme pour la main droite, jusqu'à ce qu'on puisse le faire aisément. Après quoi on fait ces deux exercices ensemble, faisant marcher à la fois les deux mains dans l'ordre que nous venons d'indiquer, jusqu'à ce qu'on arrive à le faire avec dextérité. Il faudra suivre cette marche dans tous les exercices ; on fera d'abord seule la partie de la main droite, puis seule celle de la main gauche, ensuite les deux mains ensemble.

Pour faire parler l'harmonium, on pose les pieds sur les pédales ou planchettes qui sont à la partie inférieure de l'instrument; puis on les fait mouvoir avec les pieds, les faisant fonctionner très-régulièrement l'un après l'autre; en même temps on pose les doigts sur les touches indiquées par les notes du morceau de musique que l'on veut exécuter. Lorsque l'on rencontre des F dans le morceau de musique, ce qui veut dire fortement ; FF, plus fort ; FFF, très-fort, alors on appuie plus ou moins fortement les pieds sur les soufflets et l'on en précipite les mouvements, selon que l'on veut obtenir plus ou moins de sonorité. Dans ce cas, il faut enfoncer davantage les touches. Pour les passages doux, qui demandent peu de sonorité, on ralentit le mouvement des soufflets et l'on allége les doigts sur le clavier. Le mouvement des pieds est une chose essentielle pour l'harmonium, c'est d'eux que dépend, en grande partie, la variété de l'expression dans l'exécution; il faut, par conséquent, y apporter le plus grand soin.

Il y a un plus ou moins grand nombre de registres dans l'harmonium, selon que l'instrument est plus ou moins considérable. On appelle registres les petits bâtons à coulisse à la tête desquels se trouvent écrits les noms des jeux que contient l'instrument. Pour les morceaux d'orgue qui demandent beaucoup de sonorité, comme, par exemple, les processions, les sorties, les marches, etc., on tire ceux de ces registres qui donnent à l'instrument toute sa puissance de son. Au contraire, pour les morceaux qui ne demandent pas beaucoup de sonorité, comme les élévations, par exemple, on ne tire que les registres qui donnent un jeu doux.

Moyen d'obtenir artificiellement un prompt résultat sur l'harmonium avec des enfants.

Choisir deux ou trois enfants des plus intelligents, les exercer ensemble sur le clavier, à toucher simultanément la même note à des octaves différentes et à bien s'accorder, ce moyen établit de suite de l'émulation entre eux, à qui jouera le mieux. Au bout de très-peu de temps, on peut leur faire tenir l'orgue pendant les offices, à jouer tous ensemble, chacun d'une main, ils touchent la même note, à des octaves diverses ; et cela produit souvent un plus bel effet qu'une harmonie inhabilement exécutée. Bientôt après ils joueront ensemble des deux mains, l'effet sera plus puissant ; et quand on a deux harmoniums à sa disposition, on place deux enfants sur l'un et un sur l'autre, l'effet est encore meilleur, surtout quand les enfants s'accordent bien à toucher regulièrement ensemble. Lorsqu'ils sont devenus un peu plus habiles, on leur partage l'harmonie : l'un fait seul la partie de la main droite, celui qui est à droite ou à l'aigu ; l'autre fait la partie de la main gauche avec ses deux mains, et s'il y en a un troisième sur un harmonium à part, il joue à deux octaves différentes avec ses deux mains le plain-chant sans accompagnement, afin que le chant domine l'harmonie, et l'effet produit est excellent. Pendant ce temps, les enfants se fortifient et finissent par pouvoir exécuter seuls l'harmonie au complet. C'est la marche que nous avons suivie, et nous nous en sommes très-bien trouvé. C'est ce moyen qui a contribué le plus à nos succès. Les enfants s'encouragent et se soutiennent, et leurs progrès sont plus rapides. Il faut d'abord avant chaque leçon obliger les enfants à faire le signe de la croix, et à le faire avec piété pour élever leurs cœurs vers Dieu et lui demander son secours et sa bénédiction. C'est une sainte habitude qu'ils contractent, et ils s'en serviront dans le cours de leur vie si on a eu le soin de la leur faire contracter dans leur enfance : « L'homme marchera dans sa vieillesse dans les sentiers qu'il se sera frayés pendant sa jeunesse, » dit l'Ecriture.

Je considère cette recommandation comme la plus importante ; qu'on se garde bien de la regarder comme puérile. C'est de la bénédiction du ciel que dépendent les vrais succès. C'est au pied de la croix que les docteurs de l'Église ont puisé les profondeurs de cette science si sublime qu'ils ont consignée dans leurs ouvrages que nous admirons. Pour encourager les enfants, il est bon aussi de les féliciter au moindre succès qu'ils obtiennent, mais avec prudence, pour ne pas leur inspirer de l'orgueil. Il faut leur faire observer que c'est parce qu'ils ont eu soin de demander à Dieu sa bénédiction, qu'ils ont obtenu ce succès. « Sans moi, dit le Seigneur, vous ne pouvez rien faire. Mais je puis tout, dit saint Paul, en celui qui me fortifie. » En faisant ainsi marcher les enfants à l'ombre de la croix et de la piété et sous les auspices de l'immaculée Marie, il est impossible de ne pas obtenir de succès, et on réalisera dans un sens ces paroles de l'Ecriture: « C'est de la bouche des enfants que vous avez tiré la louange la plus parfaite. » Ainsi-soit-il.

Nous allons maintenant donner des gammes et des exercices pour le plain-chant, puis pour la musique et ensuite pour l'harmonium.

Nota. — Dans les exercices pour l'étude de l'harmonium, le doigter est marqué par des chiffres ; le numéro 1 désigne le pouce, 2 est pour l'index, 3 pour le médium, 4 pour l'annulaire, et 5 pour l'auriculaire, afin que ceux qui voudront apprendre à toucher par principes puissent le faire ; nous engageons les élèves à s'y astreindre. Cependant que ceux qui éprouveraient trop de difficultés à s'y soumettre ne se déconcertent pas ; ils pourront, avec le temps et la patience, arriver naturellement à un doigter qui y suppléera. Nos élèves n'avaient pas notre méthode, puisqu'elle n'existait pas encore, et nous ne les avons pas astreints aux principes du doigter, vu que nous n'avions pas l'intention d'en faire des artistes, et néanmoins ils sont arrivés, avec le temps, à un doigter naturel qui n'a rien de disgracieux. Ils ont commencé leurs études sur des *Kyrie*, des cantiques et choses semblables. Cette marche, qui peut être regardée comme défectueuse, a cependant son avantage ; en s'essayant sur des chants connus, l'oreille guide, et les enfants sont contents d'eux-mêmes lorsqu'ils peuvent déjà faire dire à l'instrument des chants qu'ils bourdonnent avec lui ; cela les encourage et les enhardit. Au reste, chacun pourra suivre la marche qu'il trouvera la plus avantageuse. Mais, en tout cas, il faut que l'élève s'astreigne à apprendre au moins à monter et à descendre, à deux mains, la gamme d'*ut* avec principe.

Caen. — Imprimerie E. Poisson.

PLAIN CHANT.

GAMMES.

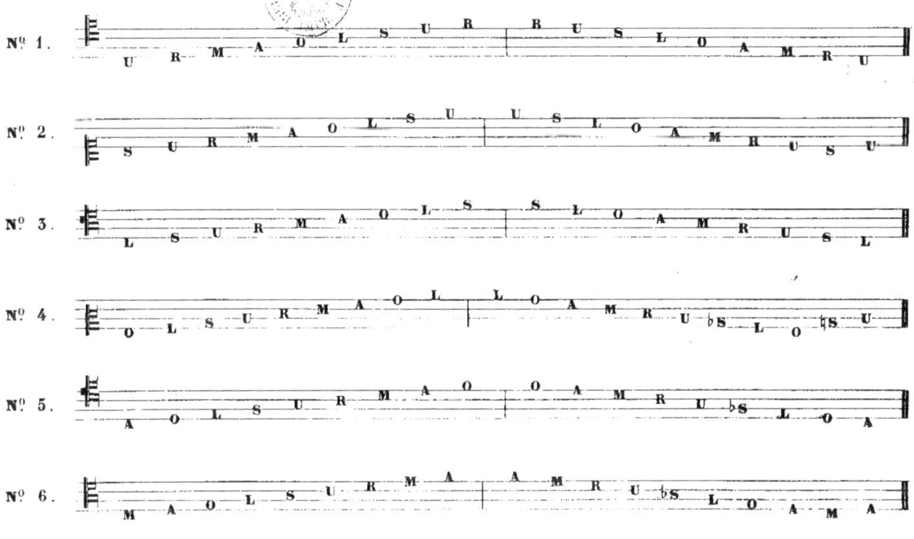

⊕ La clef de Sol n'es ici que pour montrer qu'en l'ajoutant, toutes les notes pourraient occuper indistinctement toutes les places de la portée du plain chant.

Imp. Moucelot, 25, r. Cte des P.^{ts} Champs

EXERCICES SUR LES INTERVALLES.

Secondes

Nº 1

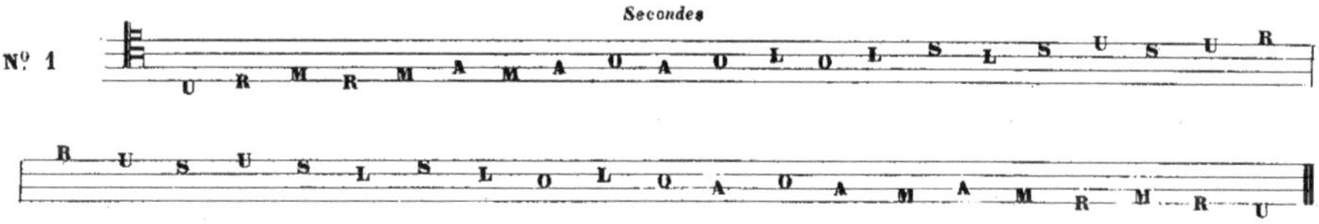

Tierces.

Nº 2.

Quartes.

Nº 3.

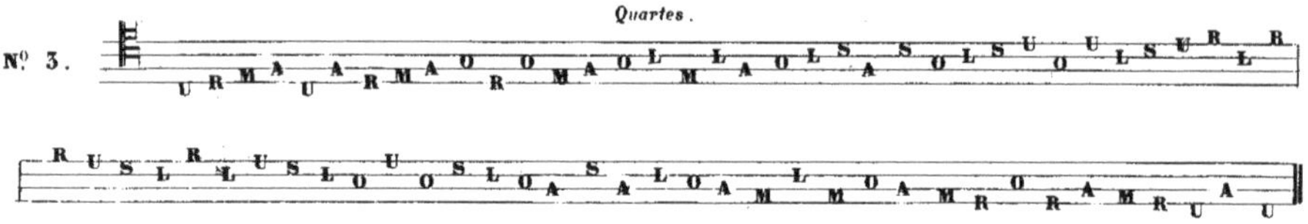

Quintes.

Nº 4.

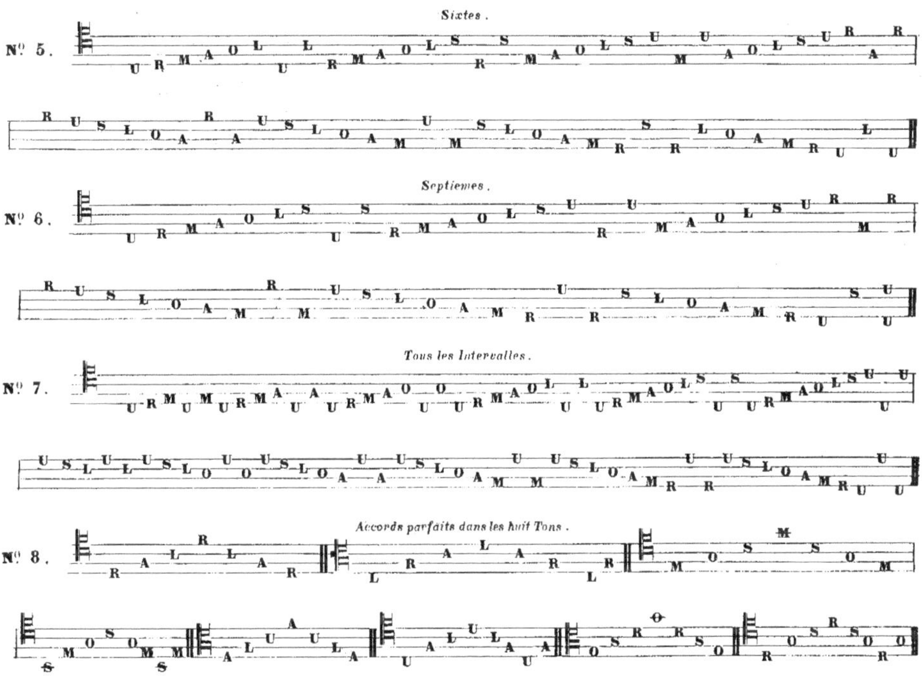
Sixtes.
Nº 5.
Septiemes.
Nº 6.
Tous les Intervalles.
Nº 7.
Accords parfaits dans les huit Tons.
Nº 8.

CHANTS CONNUS ET FACILES.

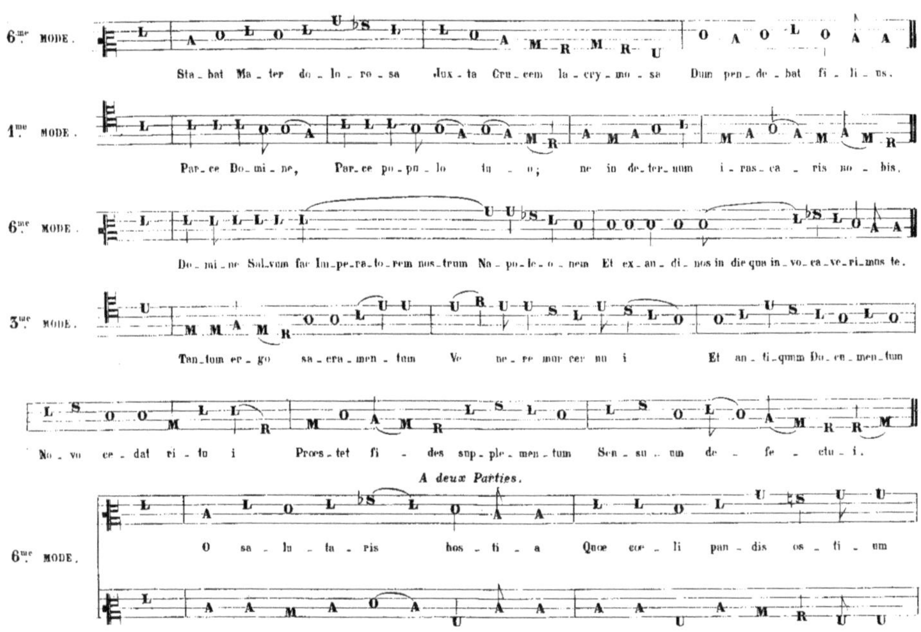

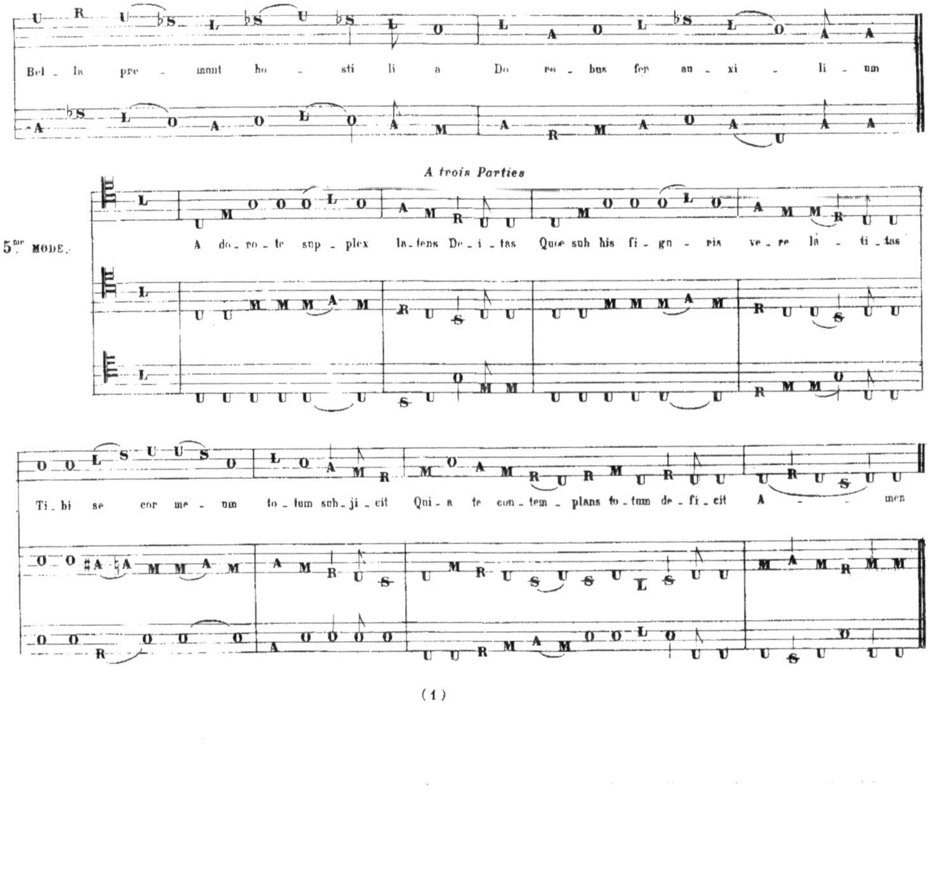
Bel_la pre_mont ho_sti li a Do re_bus fer au_xi_li_um
A trois Parties
5me MODE.
A do_ro_te sup_plex la_tens De_i_tas Quæ sub his fi_gu_ris ve_re là_ti_tas
Ti_bi se cor me_um to_tum sub_ji_cit Qui_a te con_tem_plans to_tum de_fi_cit A men

MUSIQUE.

Gammes à notes Rondes avec des Silences d'égale valeur dits Pauses.

N° 1.

Blanches et demi Pauses.

N° 2.

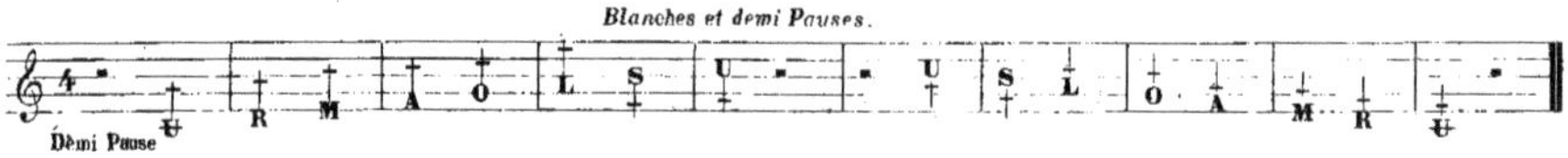

Noirs et Soupirs.

N° 3.

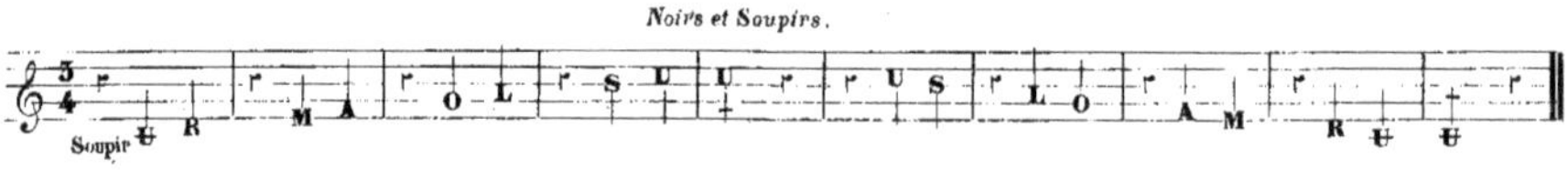

Croches et demi Soupirs.

N° 4.

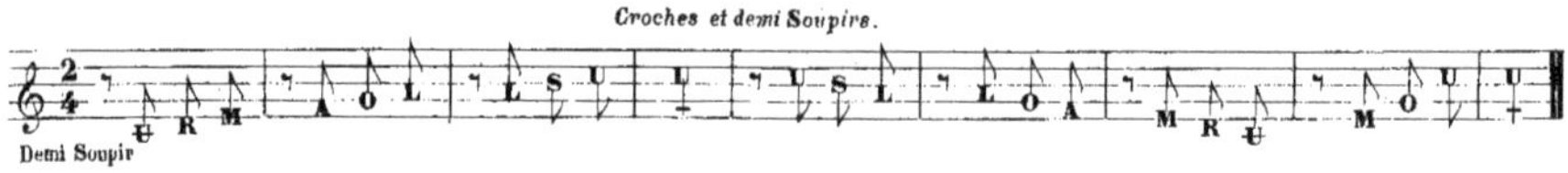

N° 5.

Exercices sur les Intervalles.

I° de Secondes.

N° 6.

2º de Secondes.

7. 

3º de Tierces.

8. 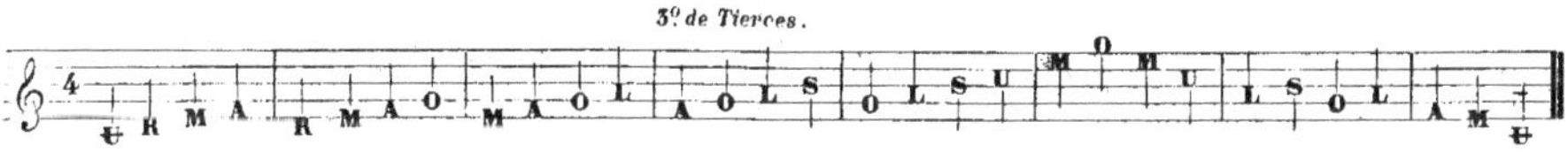

4º de Quartes.

9. 

5º de Quintes.

10. 

6º de Sixtes.

11. 

Intervalles Variés.

12. 

13. 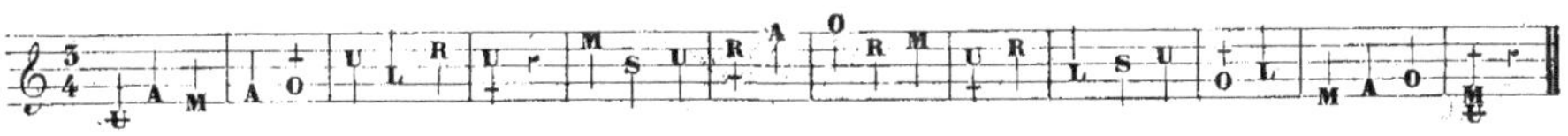

Nº 14.

Nº 15.

Nº 16.

Nº 17.

Nº 18.

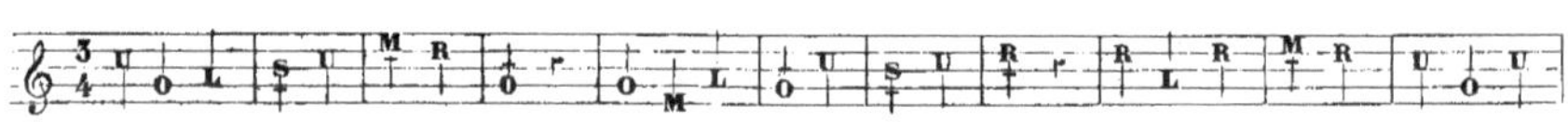

4

PETITS CHANTS FACILES ET CONNUS.

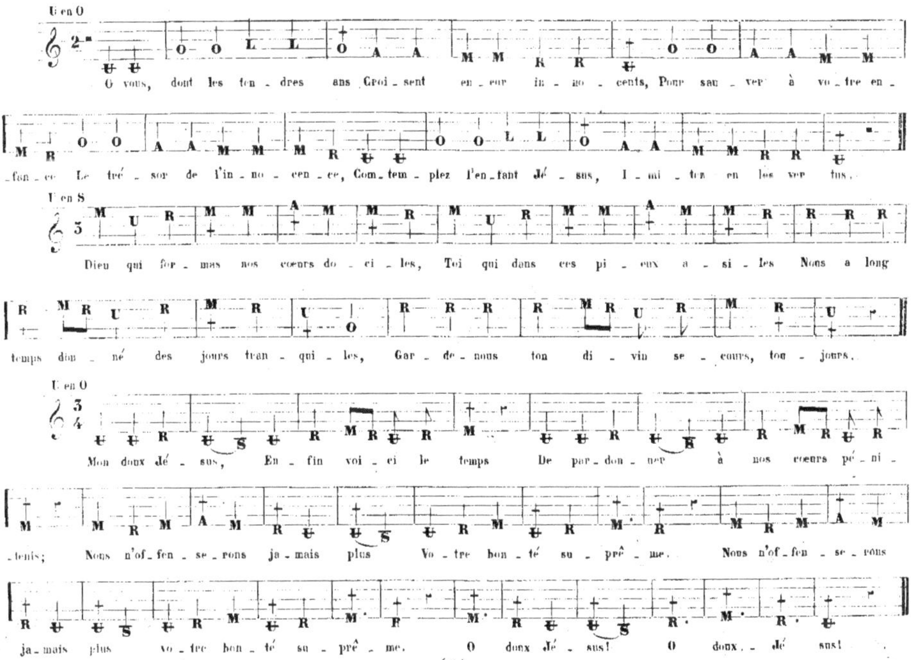

U en O.
Qu'el_le nou_vel_le et sain_te ar_deur En ce jour trans_por_te mon â_me! Je sens que
l'Es_prit cré_a_teur De son feu tout di_vin m'en_flam_me! Vi_ve Jé_sus! je crois, je suis chré_tien. Cen_seur je
vous m'é_pri_se, Lan_cez, lan_cez vos traits, je ne crains rien; Mon bras vain_queur les bri_se.
A deux Parties.
U en O.
Gou_tez â_mes fer_ven_tes, Gou_tez vo_tre bon_heur, Et de_meu_rez cons_
tan_tes Dans vo_tre sain_te ar_deur.
CHOEUR.
Heu_reux le coeur fi_dè_le Où
rè_gne la fer_veur On pos_sè_de a_vec el_le Tous les dons du sei_gneur.

MUSIQUE.

Gammes et Exercices divers pour l'Harmonium et le Piano à Clavier transpositeur.

Les Chiffres indiquent les doigts qui doivent frapper les Touches. **1** désigne le Pouce, **2** l'Index, **3** le Majeur, **4** l'Annulaire et **5** l'Auriculaire.

Les Études suivantes étant composées d'une Ronde par mesure, il faut compter bien régulièrement Un, Deux, Trois, et Quatre temps sur chaque note.

Nº 1.

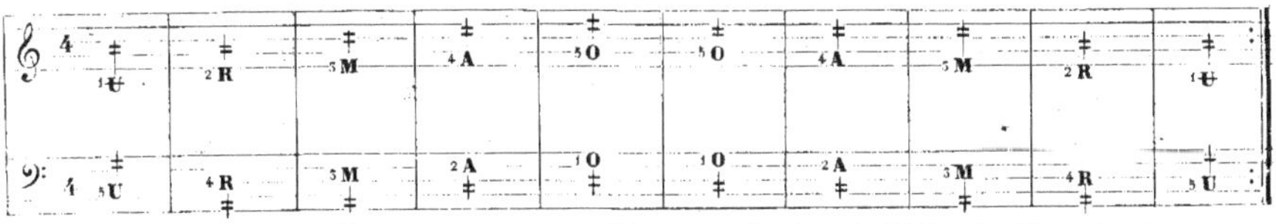

NOTA. Les deux points placés sur chaque portée à la fin de chaque exercice indiquent qu'il faut recommencer l'exercice au moins dix à douze fois avant de passer à un autre.

Nº 2.

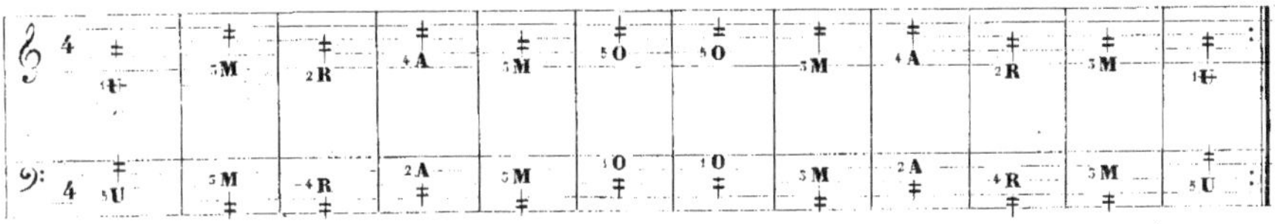

Nº 3.

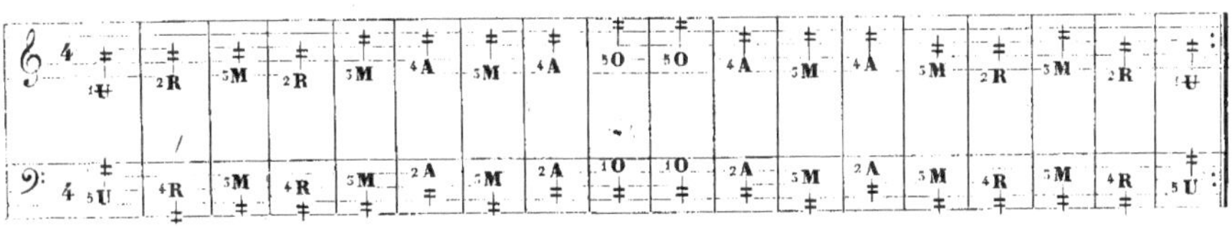

N° 4.

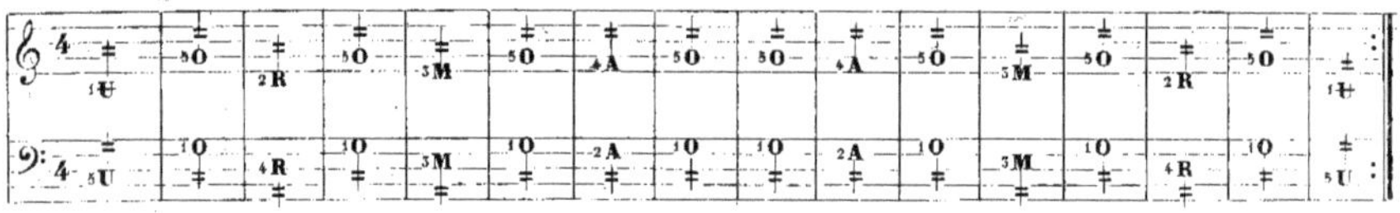

N° 5.

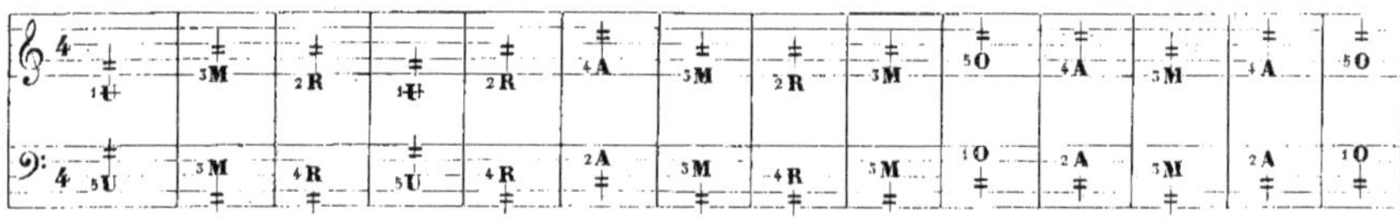

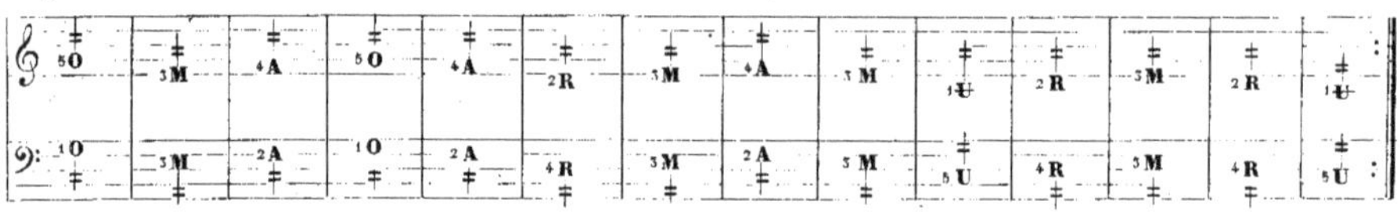

A deux notes différentes.

N° 6.

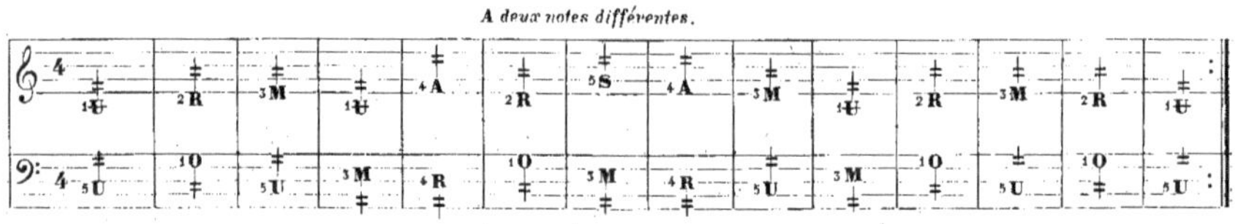

Dans les numéros suivants on doit compter très régulièrement Un, Deux, Trois, Quatre, mais en divisant la mesure ainsi : Un, Deux pour la première Blanche et Trois et Quatre pour la Seconde.

N° 7.

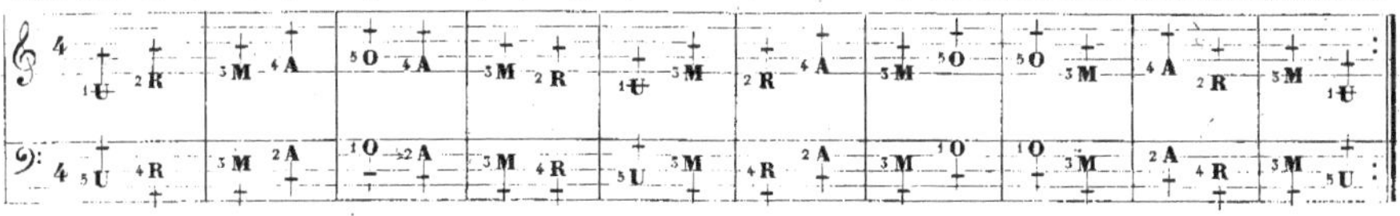

N° 8.

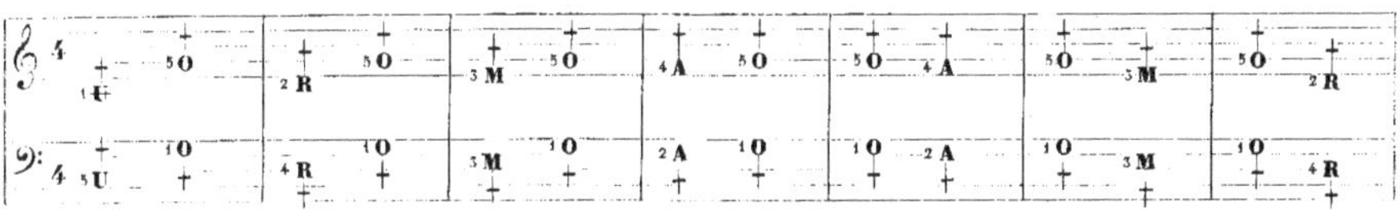

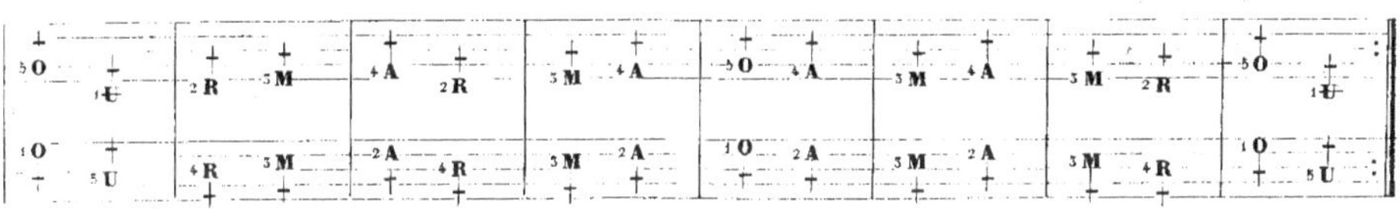

En notes doubles.

N° 9.

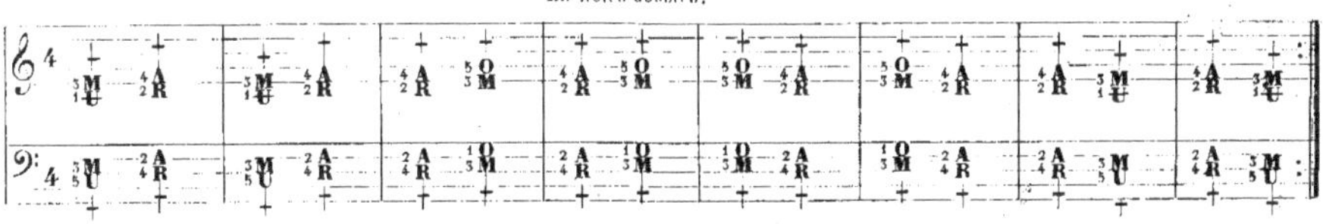

Nº 10.

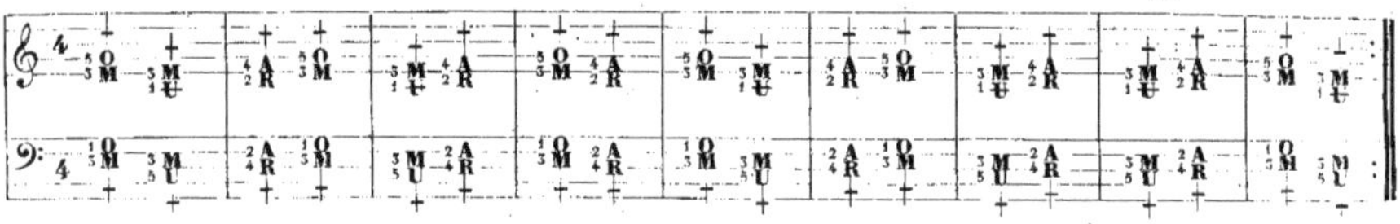

A deux parties différentes.

Nº 11.

RÉSUMÉ.

Rondes et Blanches.

Nº 12.

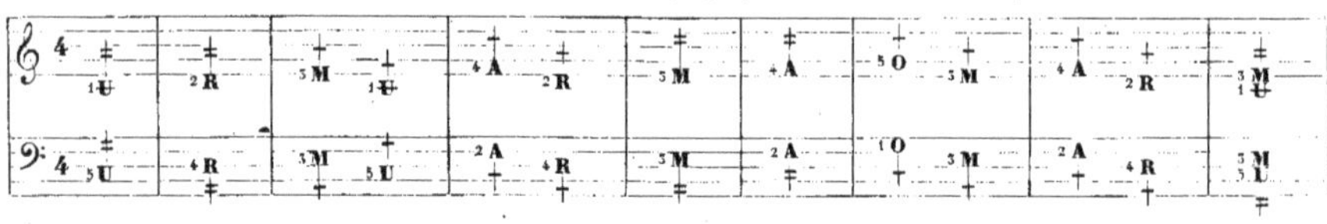

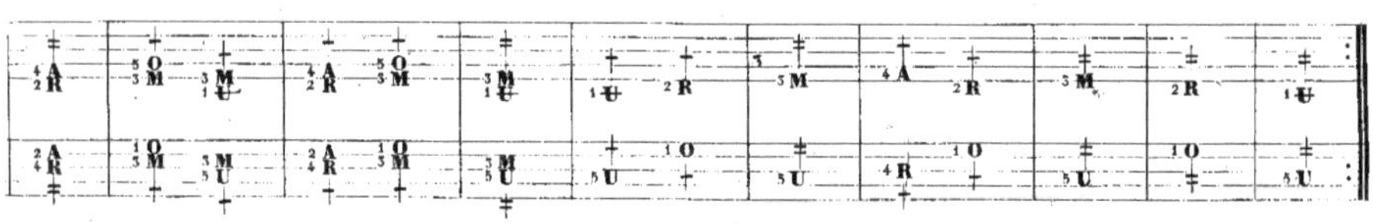

Ici on comptera Un pour la première noire, Deux pour la seconde, Trois pour la troisième et Quatre pour la quatrième, et toujours très régulièrement.

N° 13.

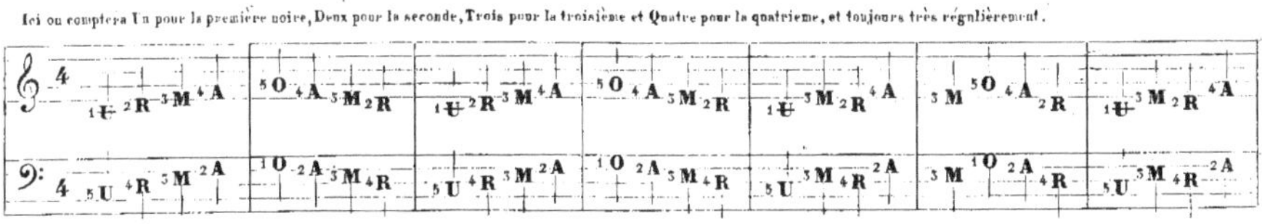

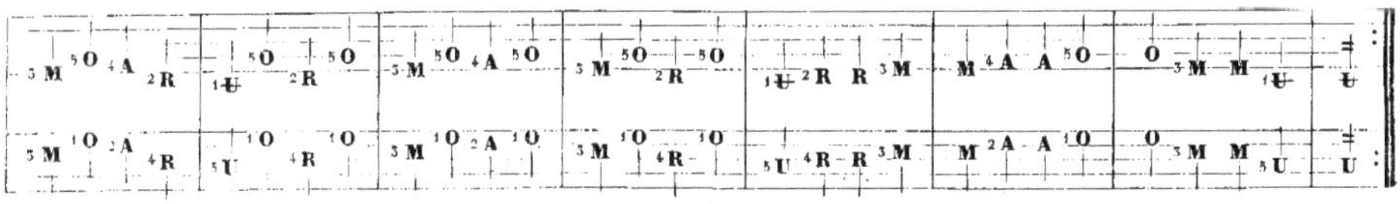

RÉSUMÉ.

Rondes, Blanches et Noires.

N° 14.

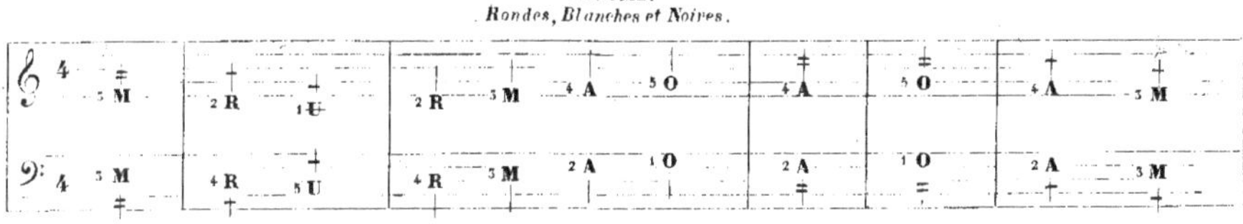

Pour plus de facilité ici on peut compter toutes les croches de chaque mesure ainsi: Un, Deux, Trois, Quatre, Cinq, Six, Sept, Huit.

N° 15.

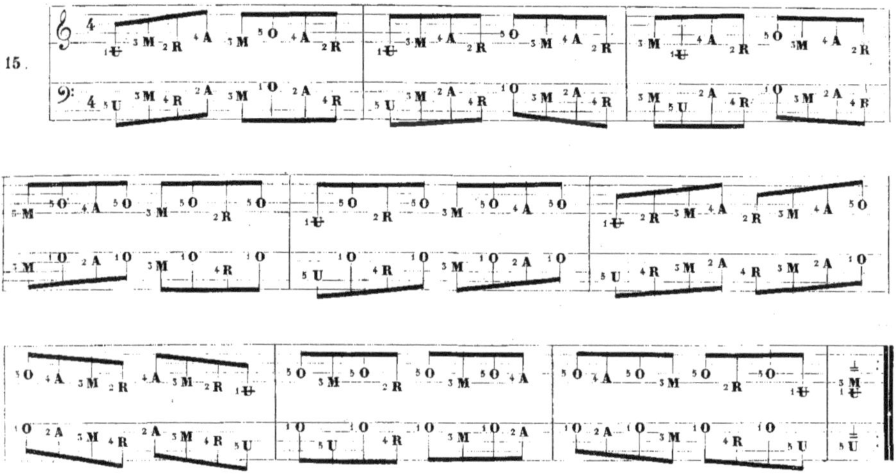

Divisez ici, comme dans l'Exercice précédent, la mesure en Huit, en disant: Un, Deux, pour la première Noire, Trois pour le Point suivant, Quatre pour la première Croche, Cinq, Six, pour la seconde Noire, Sept pour le Point qui suit et Huit pour la deuxième Croche de chaque mesure.

N° 16.

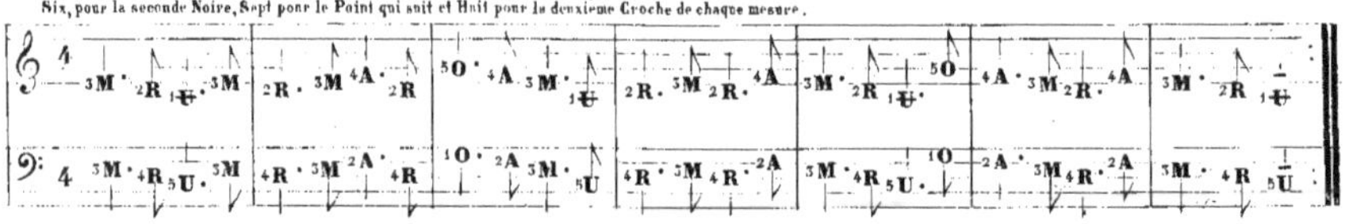

Pour la mesure suivante compter 1 sur la premiere croche, 2 pour le point et la double croche qui suivent, 3 pour la seconde croche, 4 pour le point et la seconde double croche, 5 pour la troisieme croche, 6 pour le point et la troisieme double croche, 7 pour la quatrieme croche et 8 pour le dernier point et la derniere double croche de chaque mesure; Mais en ayant soin de rester trois fois aussi longtemps sur les croches que sur les doubles croches, attendu que le point vaut une double croche et qu'il appartient a la croche qui le précède

N° 17.

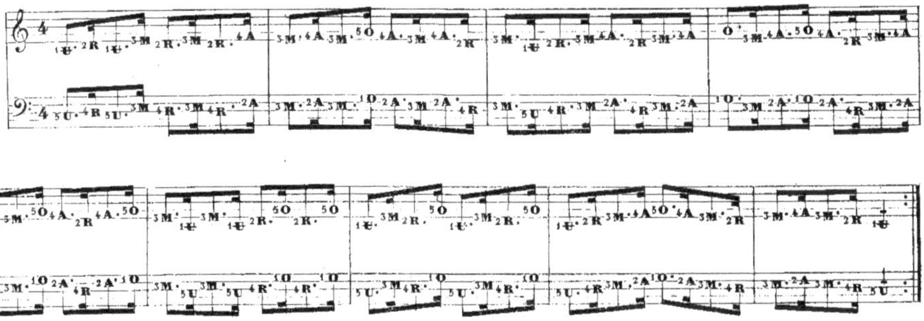

Les deux Gammes suivantes ne doivent être étudiées qu'après celles qui se trouvent page 9.

UT Majeur

LA Mineur

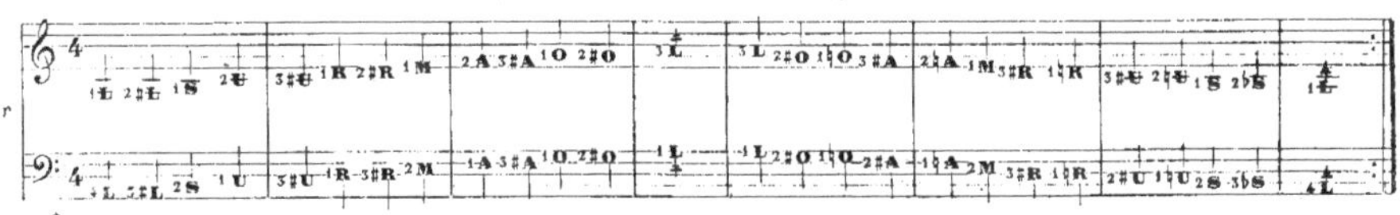

Remarque. Il faut éviter autant que possible de se servir du pouce pour les touches noires.

RÉSUMÉ.

Rondes, Blanches, Noires, Noires-pointées, Croches, Croches pointées, et Doubles Croches.

Nº 18

GAMMES.

UT Majeur.

LA Mineur.

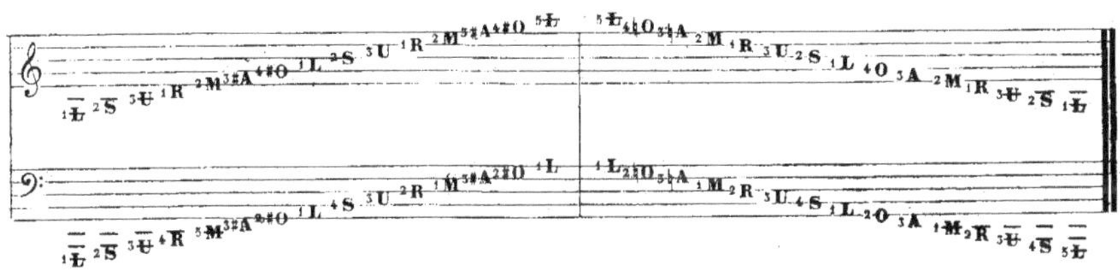

SOL Majeur.

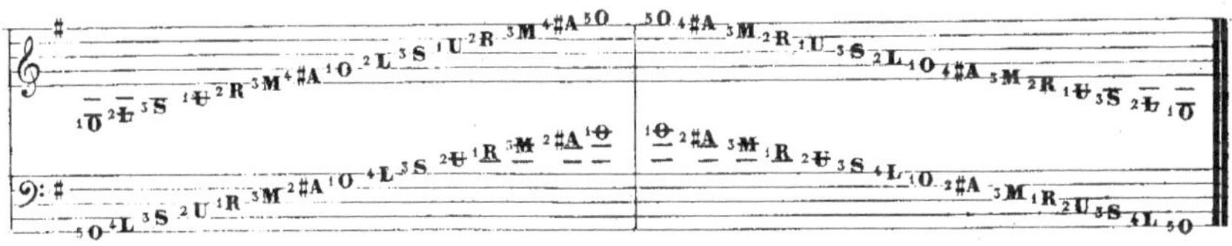

MI Mineur.

FA Majeur

RÉ Mineur.

Les autres Gammes sont inutiles dans notre systême qui suppose toujours un Clavier transpositeur au moyen duquel on y supplée.

N° 19.

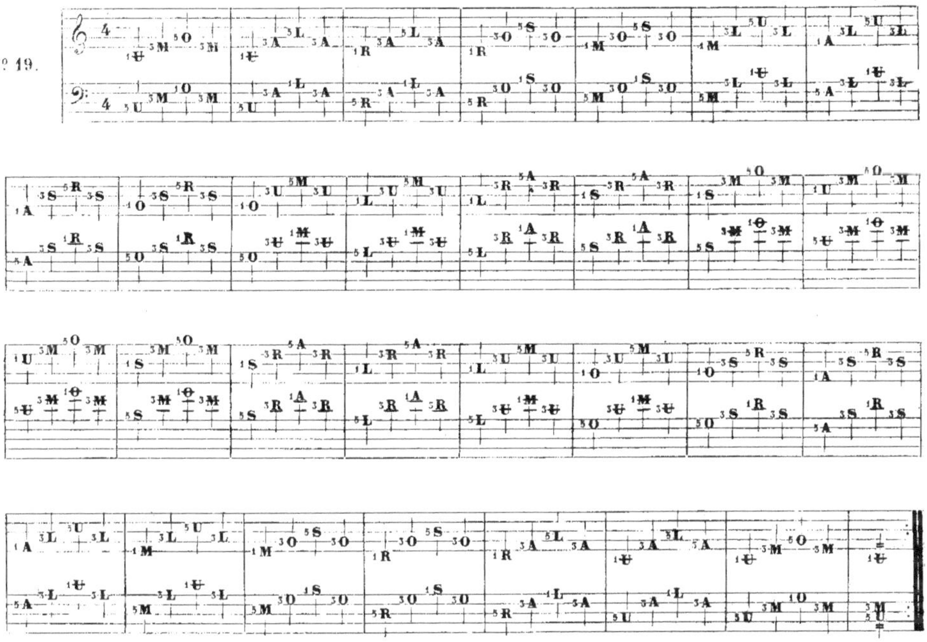

No. 20.

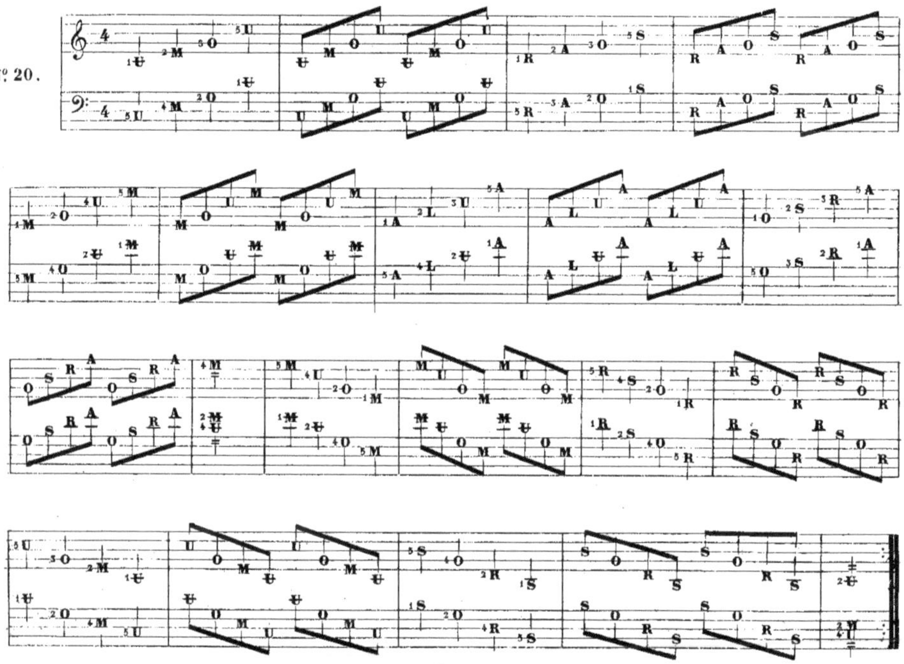

No. 21.

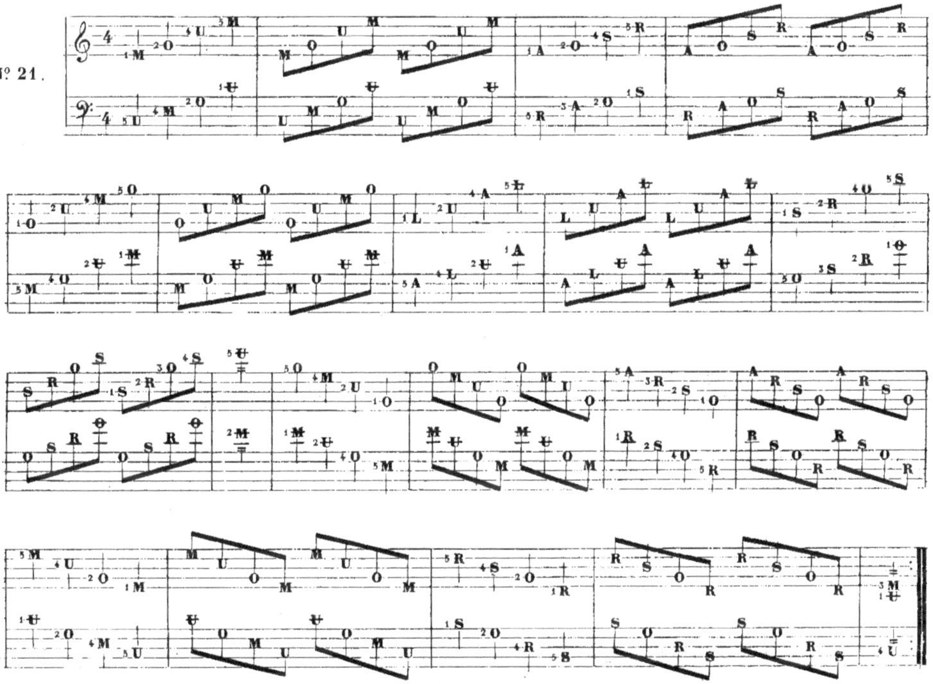

⊕ Ces lignes ⁀ qu'on nomme Coulés, indiquent qu'il faut tenir les doigts sur les notes liées par ces lignes et ne pas les répéter.

Nº 22.

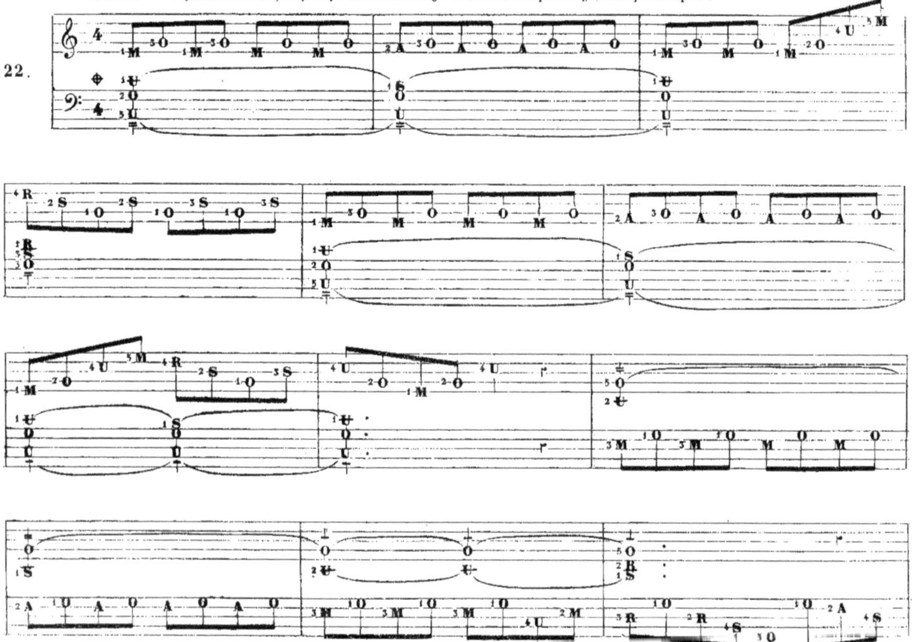

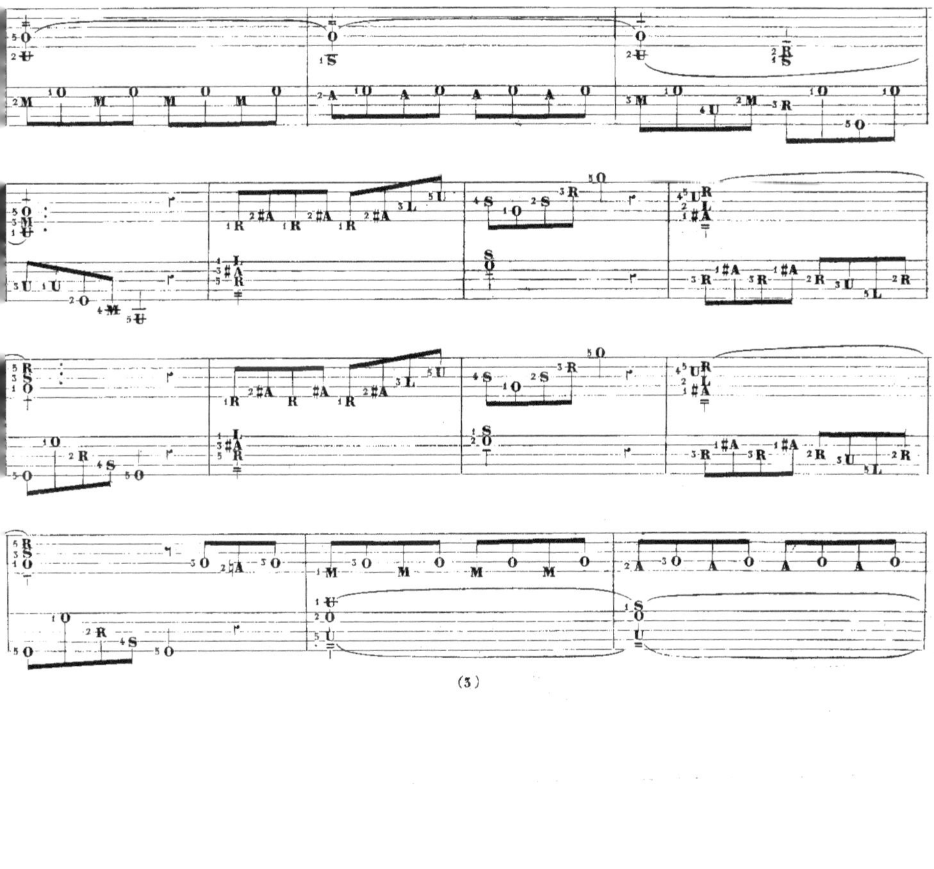

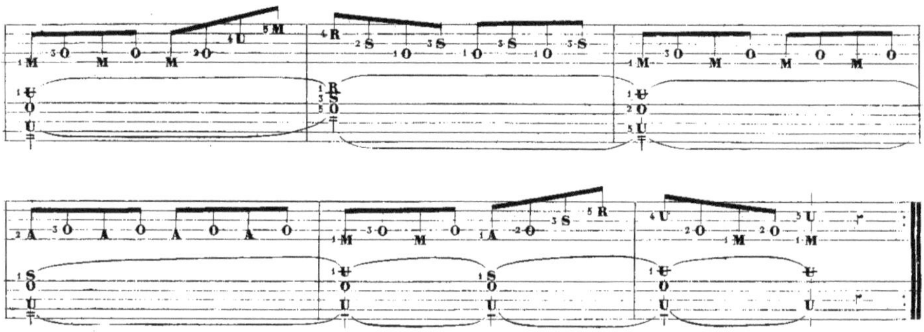

Nº 23.

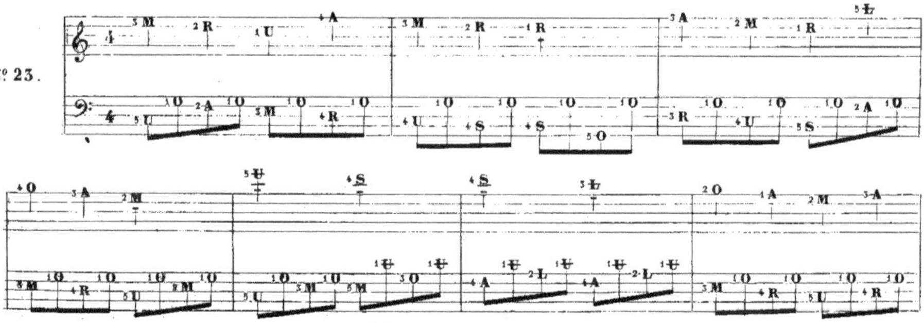

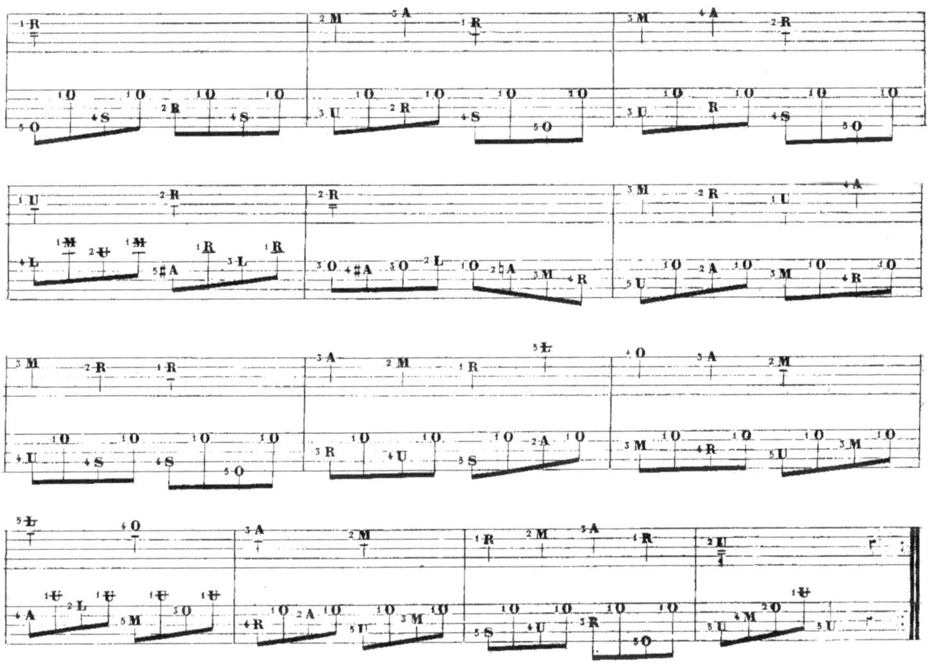

Le même Morceau avec notes tenues par la main gauche.

Nº 24.

N° 25.

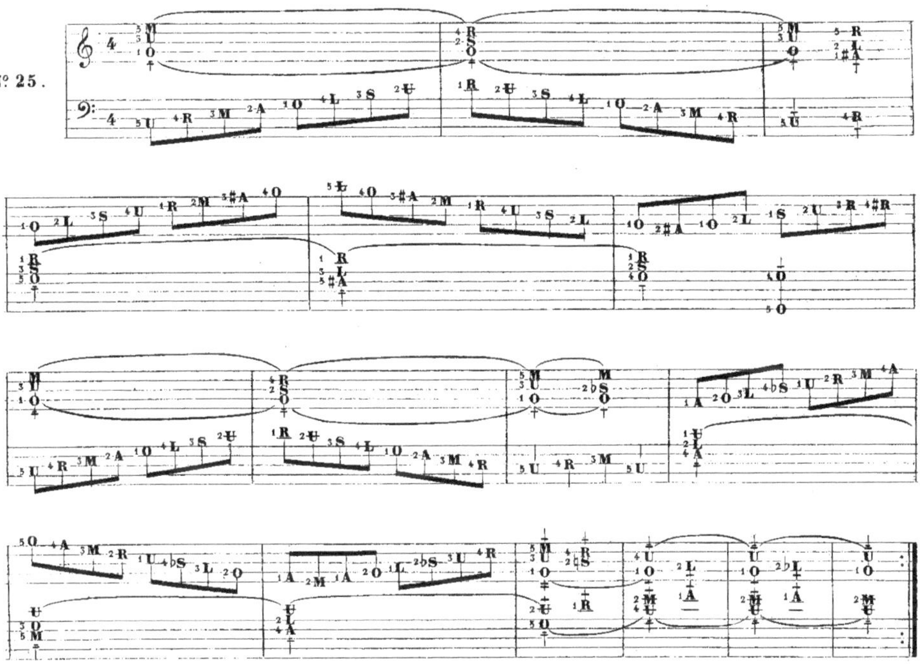

Petits morceaux pouvant servir d'Elevations, d'Offertoires, de Sorties.

Offertoire, Communion ou Élévation.

Nº 1.

Modéré. Bourdon, Preston et flute.

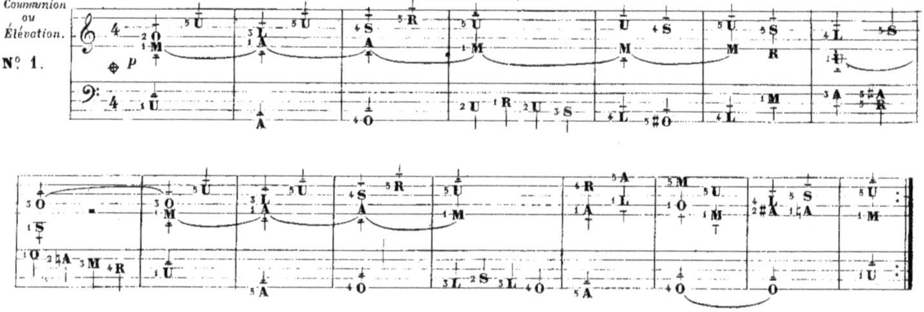

Entrée ou Marche.

Nº 2.

Animé. Grand Choeur

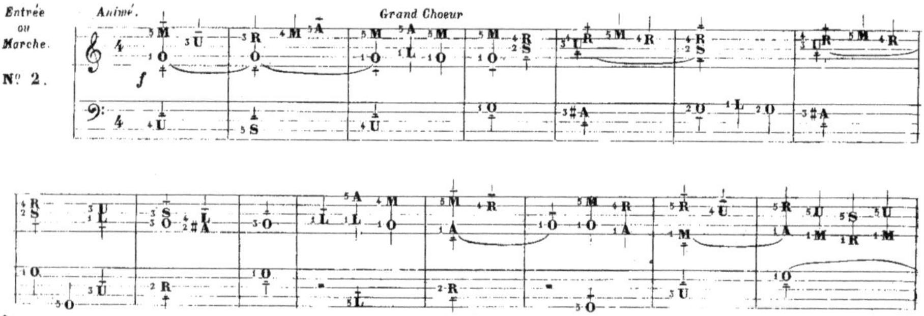

⊕ Dans le cas où l'Harmonium que l'on aura à sa disposition sera muni des registres (3) indiqués en tête des morceaux on en recommande fidèlement l'emploi.

Sortie

No. 3.

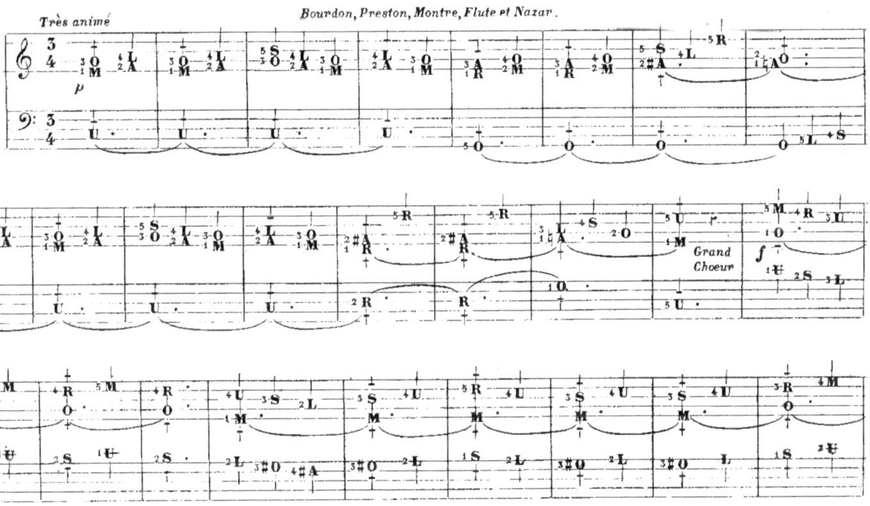
Bourdon, Preston, Montre, Flute et Nazar.
Très animé
p
Grand Choeur
f

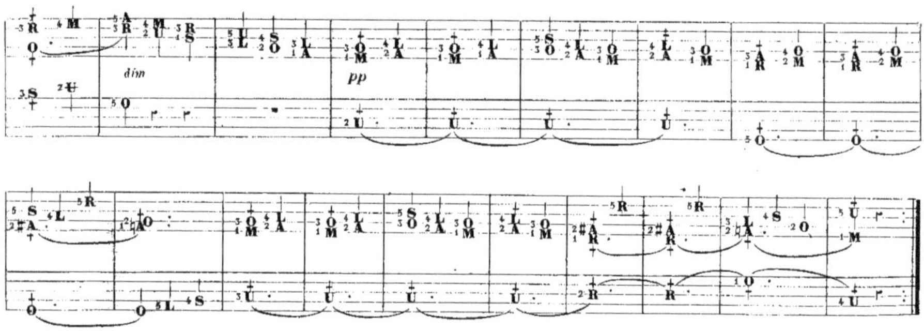

Offertoire.

N° 4.

Très modéré

Flute, Montre et Preston

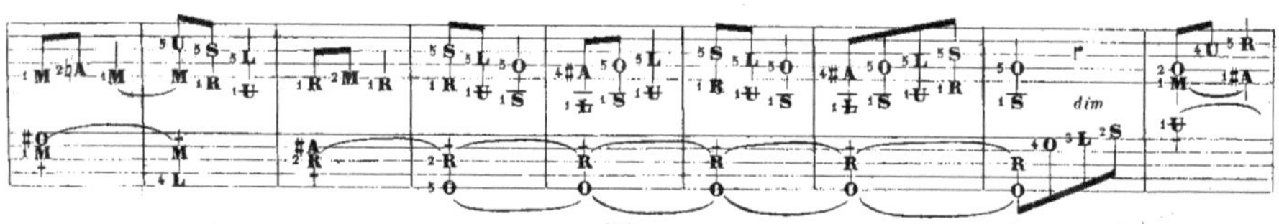

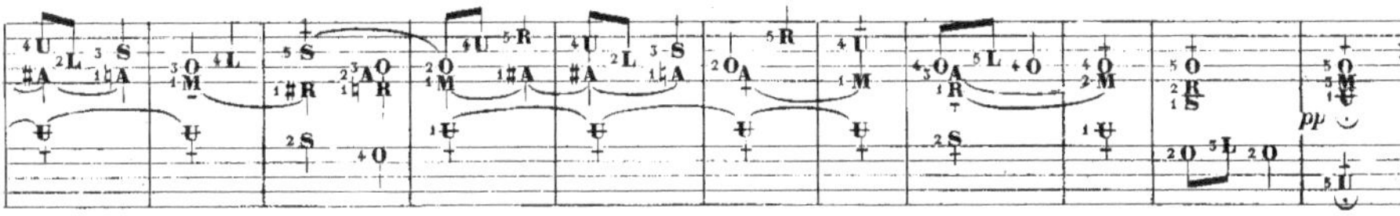

ommunion. Assez lent. Flute, Bourdon et Tremblant.

Nº 5.

Offertoire. *Très modéré.* *Bourdon, Montre, Preston, Flute et Doublette.*

Nº 6.

Marche ou Sortie.

N° 7.

Animé et Majestueux — *Grand Choeur, Bourdon, Doublette, Nazar.*

(3)

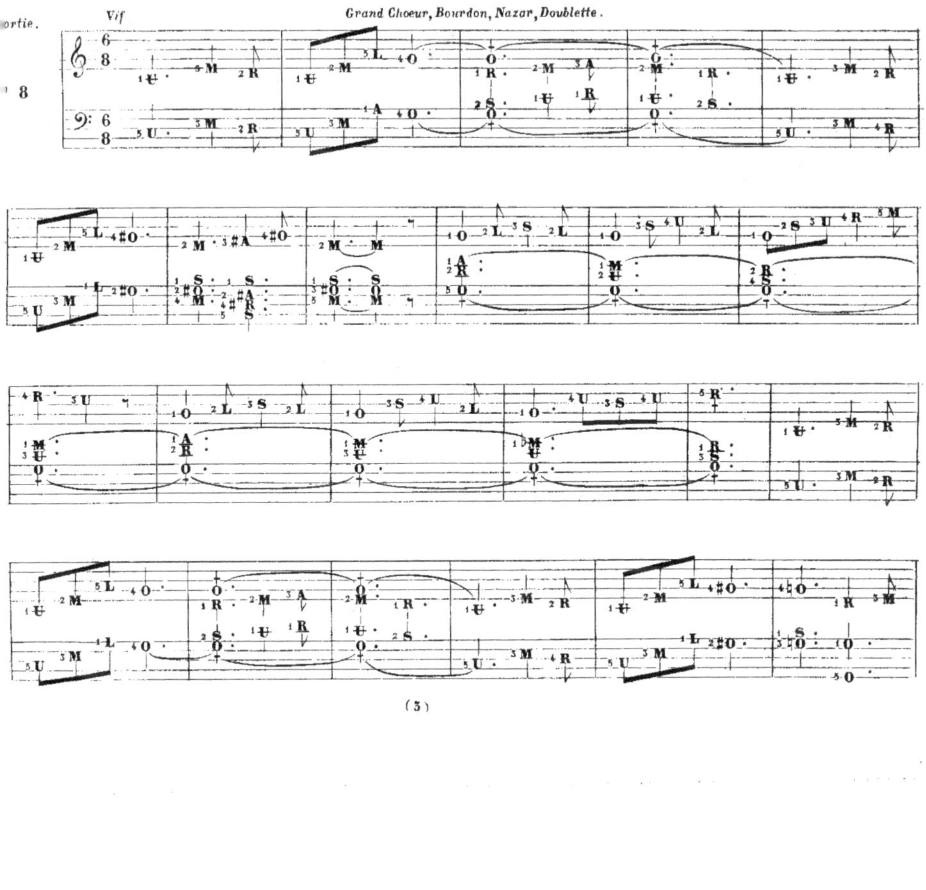
Vif
Grand Choeur, Bourdon, Nazar, Doublette.

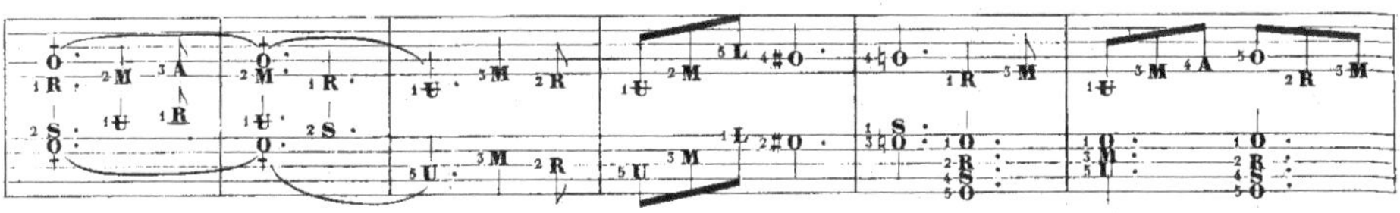

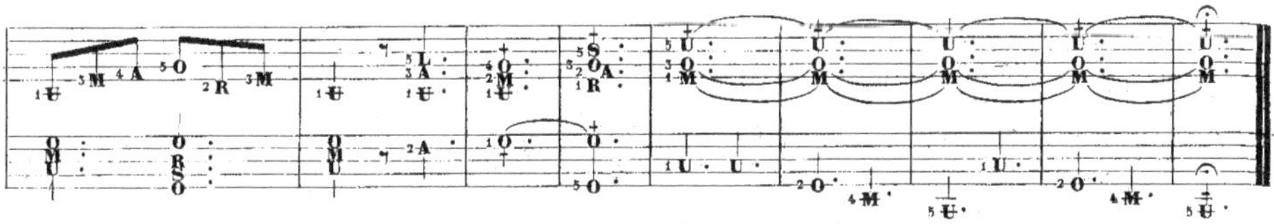

Entrée. *Animé.* *Grand Choeur.*

N° 9.

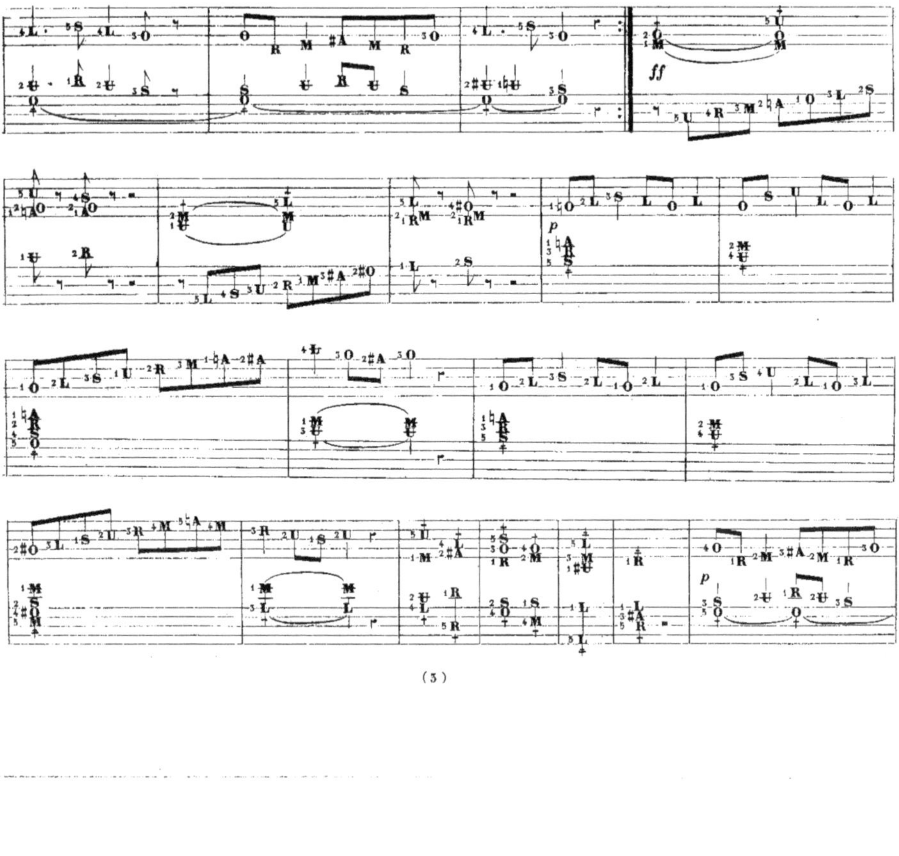

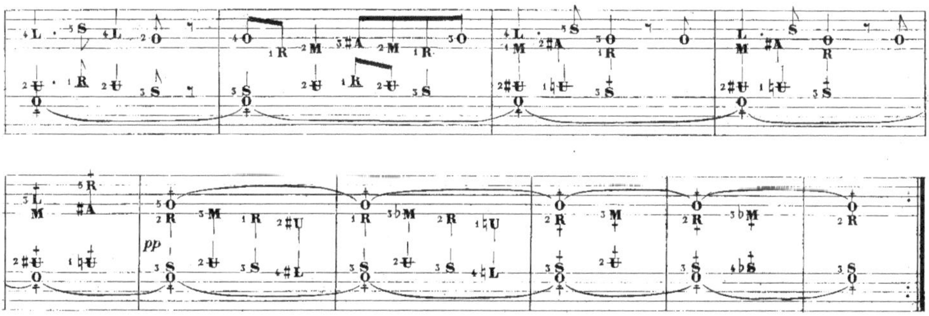

Communion
ou
Élévation.

Nº 10.

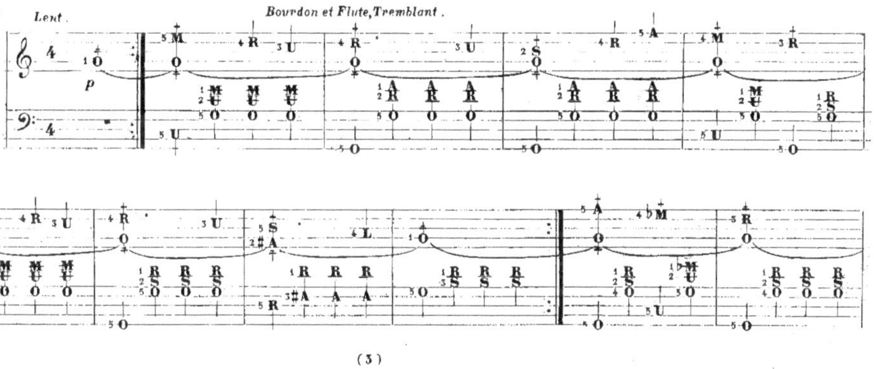

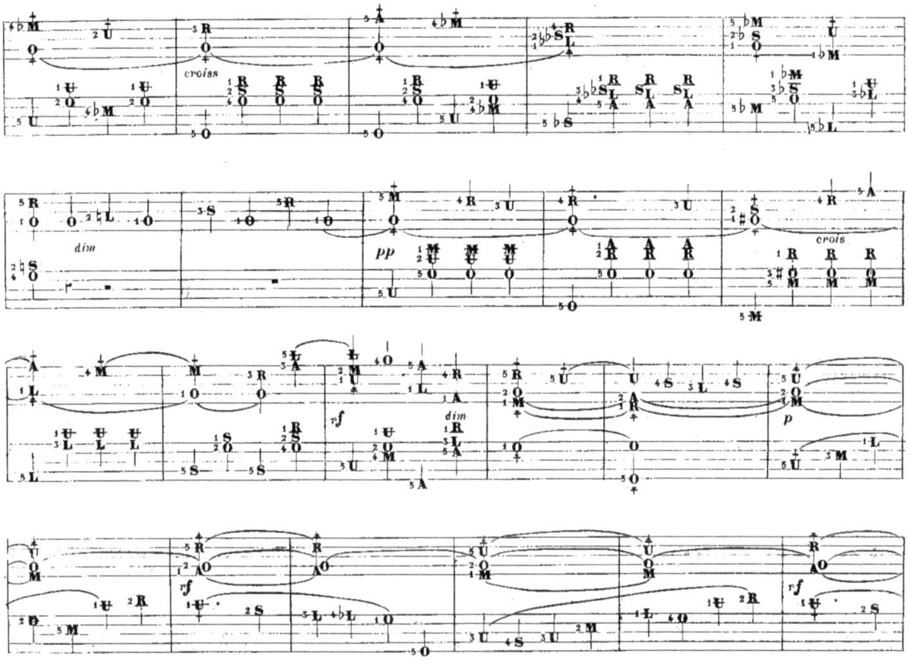
croiss
dim
pp
crois
rf
dim
p
rf
rf

dim.
rall.
p
Offertoire.
Moderé.
Bourdon, Flute, Preston et Doublette
N° 11.
croiss:
dim.
croiss:
dim.

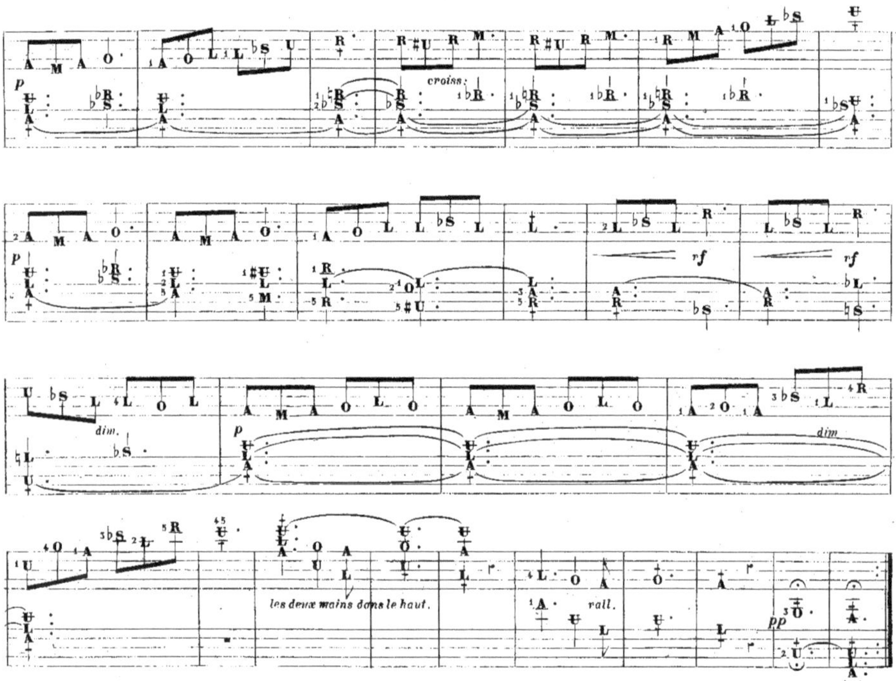
croiss.
rf
rf
dim.
dim
les deux mains dans le haut.
rall.
pp

Élévation ou Communion.

N° 12

Lent.

Bourdon et Flute.

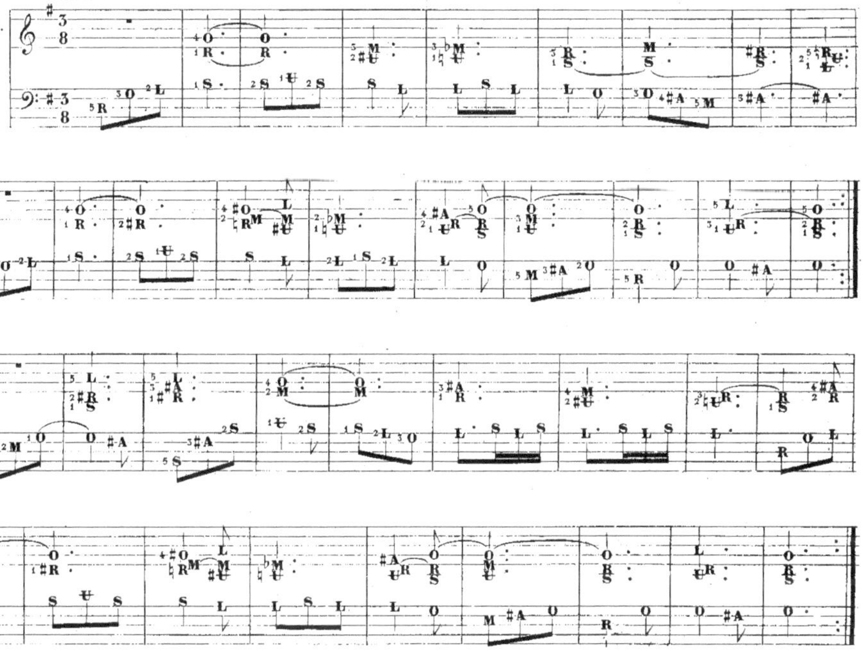

Grand Chœur, Bourdon, Nazar et Doublette.

Sortie au Procession.

Animé.

N° 12

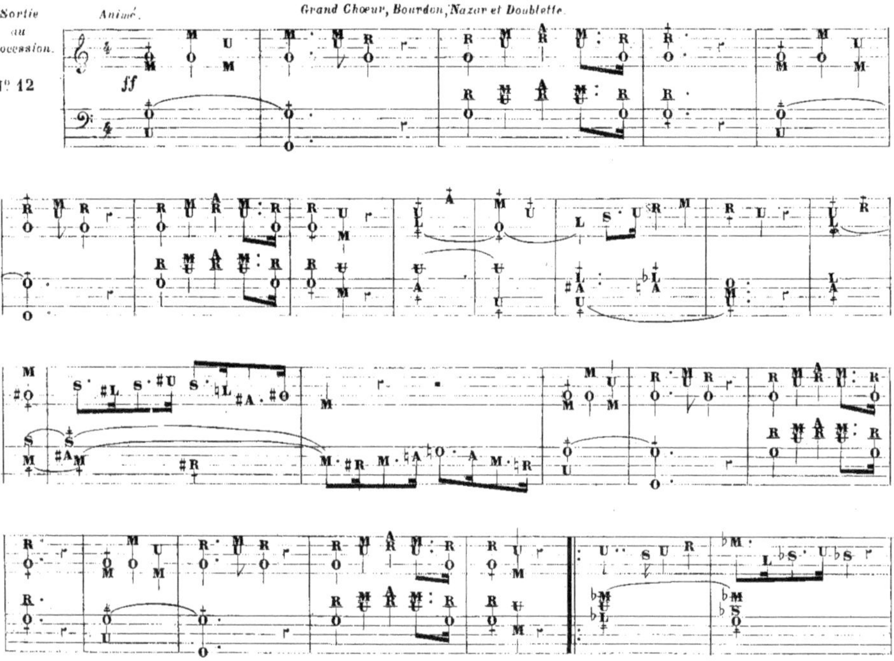

Entrée ou Sortie. N° 14.

croiss:

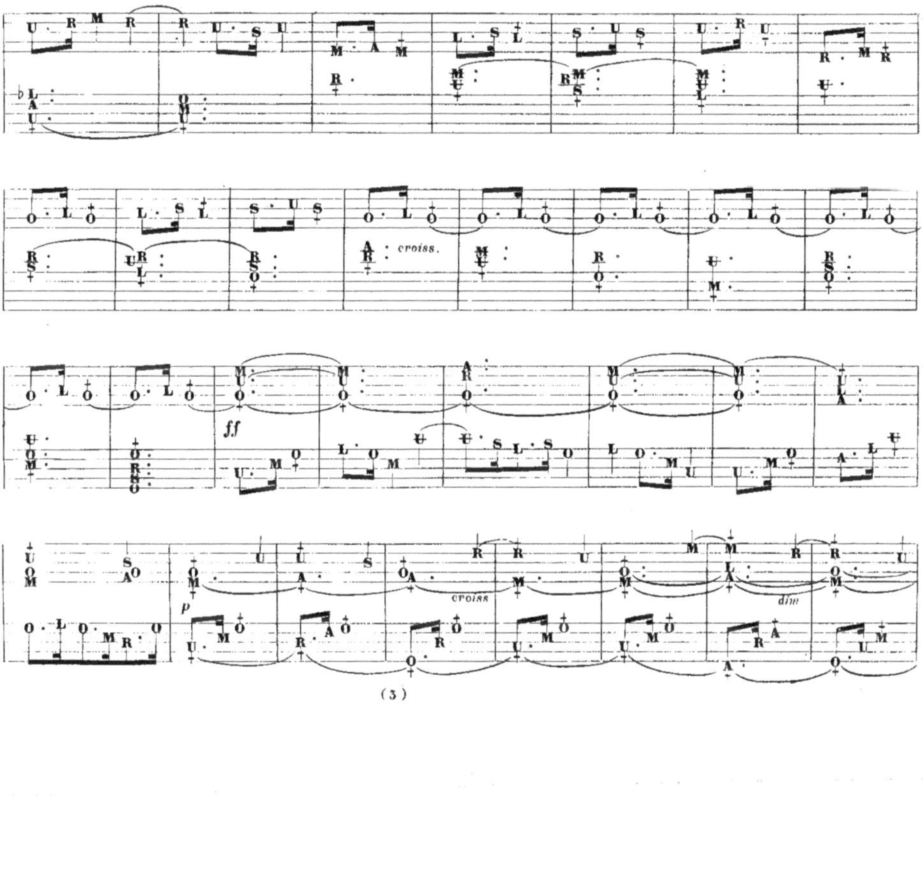
croiss.
ff
p
croiss
dim

f
croiss:
Communion et Élévation.
Prière de Weber.
Lent.
Bourdon et Flute.
pp
croiss:
dim.
pp
croiss:
f
dim.
dim.
p
pp

www.ingramcontent.com/pod-product-compliance
Ingram Content Group UK Ltd.
Pitfield, Milton Keynes, MK11 3LW, UK
UKHW031955260826
14628UKWH00005B/2077

9 782329 580470